ねこねこ日本史でよくわかる
新学習指導要領対応
小学1年生の
ねこねこ
漢字（かんじ）ドリル
原作 そにしけんじ
作画 ジョーカーフィルムズ

もくじ

1ねんせいで ならう かんじ

かくすうじゅん **80じ**

月 P52	木 P26	大 P56	土 P28	千 P14	十 P14	1かく 一 P10
日 P52	水 P30	小 P56	子 P40	下 P16	力 P30	2かく 二 P10
円 P56	火 P30	4かく 五 P12	女 P40	上 P16	人 P40	七 P12
中 P56	手 P42	六 P12	口 P42	山 P24	入 P50	八 P12
文 P68	犬 P44	天 P24	夕 P52	川 P24	3かく 三 P10	九 P14

すうじの かんじは かけるかニャ？

「川（かわ）」には みずが いっぱい ニャ。

ねこは 「犬（いぬ）」が にがてニャ。

学 P70	空 8かく P24	貝 P44	字 P70	先 P64	竹 P26	生 P64	白 P38	王 P70
草 9かく P28	林 P26	見 P50	花 7かく P28	早 P66	気 P30	正 P66	目 P42	四 5かく P10
音 P68	金 P38	村 P54	赤 P38	年 P66	虫 P44	本 P68	立 P50	右 P16
校 10かく P64	青 P38	車 P54	男 P40	名 P66	耳 P44	玉 P70	出 P50	左 P16
森 12かく P26	雨 P52	町 P54	足 P42	糸 P68	休 P64	百 6かく P14	田 P54	石 P28

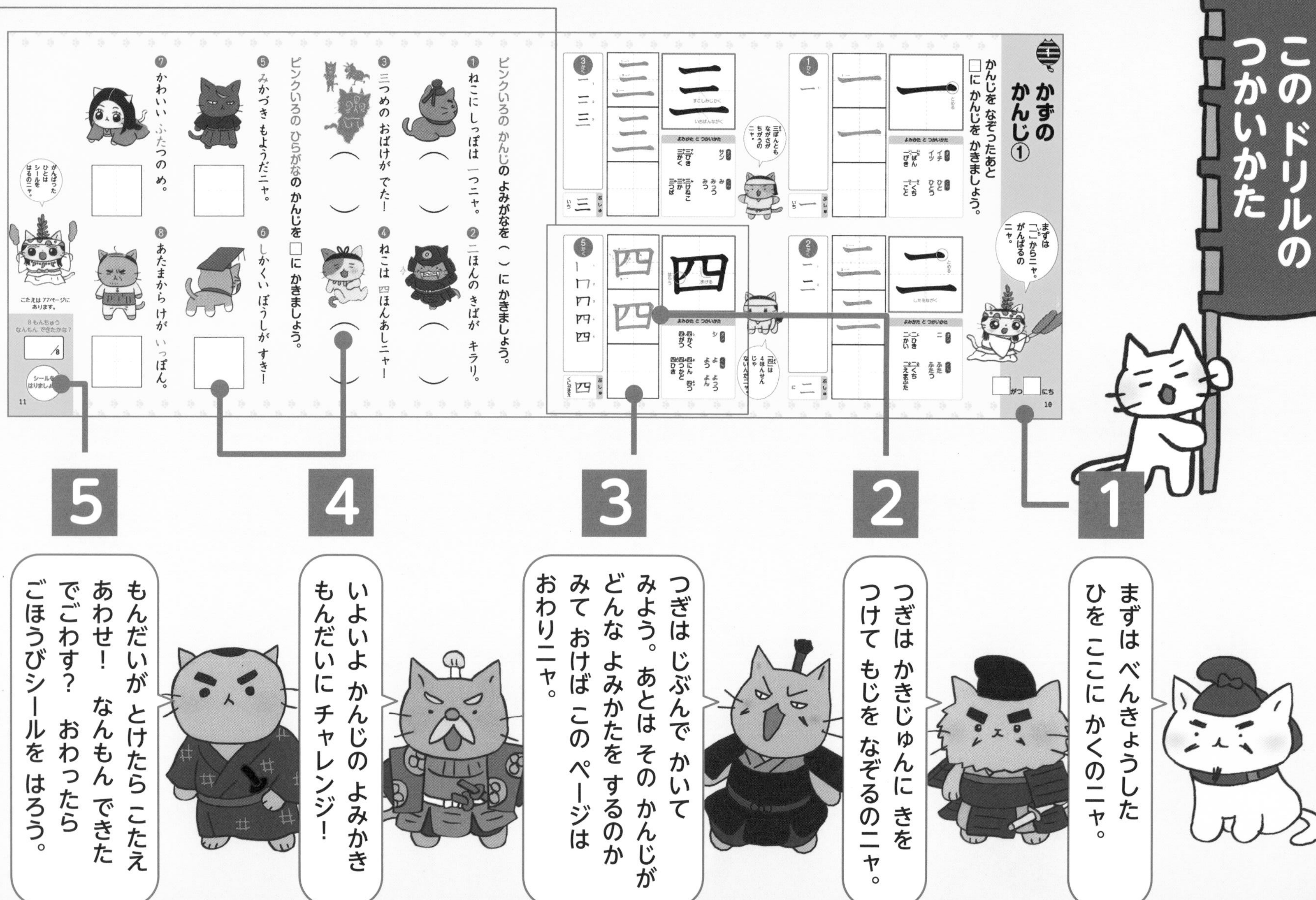
このドリルのつかいかた
かずのかんじ①
かんじを なぞったあと
□に かんじを かきましょう。
ピンクいろの かんじの よみがなを（ ）に かきましょう。
①ねこに しっぽは 一つニャ。
②二ほんの きばが キラリ。
③三つめの おばけが でた！
④ねこは 四ほんあしニャ！
ピンクいろの ひらがなの かんじを □に かきましょう。
⑤みかづきも ようだニャ。
⑥しかくい ぼうしが すき！
⑦かわいい ふたつの め。
⑧あたまから けが いっぽん。
1
2
3
4
5
まずは べんきょうした
ひを ここに かくのニャ。
つぎは かきじゅんに きを
つけて もじを なぞるのニャ。
つぎは じぶんで かいて
みよう。あとは その かんじが
どんな よみかたを するのか
みて おけば この ページは
おわりニャ。
いよいよ かんじの よみかき
もんだいに チャレンジ！
もんだいが とけたら こたえ
あわせ！ なんもん できた
でごわす？ おわったら
ごほうびシールを はろう。

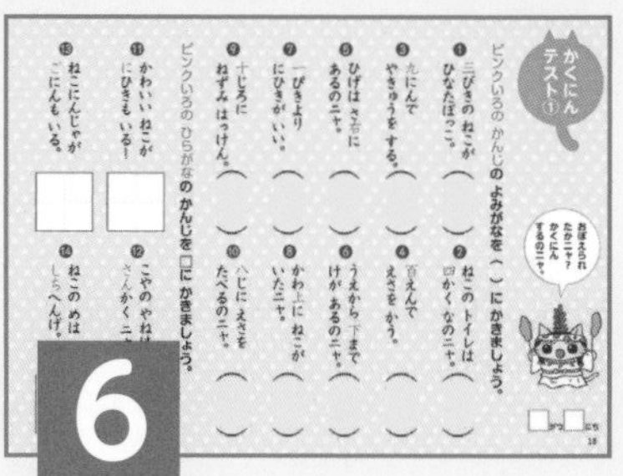

6

まとめドリルが でて きたら やって みよう。もう ならった かんじばっかりニャ。

7

たまに パズルページが でて くるニャ。たのしんで とくだけで、かんじが おぼえられるのニャ。

せつめいページの みかた

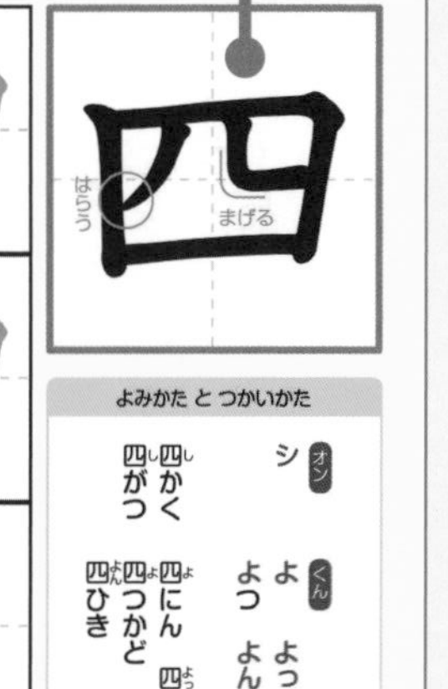

おてほんニャ。かきまちがえやすい ちゅういてんも かいてあるニャ。

かくすうニャ。ぜんぶで なんかいで かけるか わかるニャ。

かきじゅんニャ。この じゅんに じょうずにかこうニャ。

かんじの よみかたニャ。おくりがなは くろ（しろくろの ページでは うすずみ）に なって いるニャ。しょうがっこうで ならわない よみは（ ）に はいって いるのニャ。

つかいかたの れいニャ。

あかや オレンジの ところ（しろくろの ページでは くろ）が ぶしゅニャ。かんじを グループに わける ときの めじるしで、ぶしゅが わかると じしょも ひきやすく なるのニャ。※

※部首は辞書によって違いがある場合があります。

おうちのかたへ

・このドリルは、小学校の指導要領に掲載されている80字の漢字のすべてが楽しく学べるようにできています。
・例文は、ねこにちなんだ楽しい文章を掲載するようにしています。
・中には現実的でないメルヘンチックな文章や上品ではない文章もありますが、飽きずに楽しく勉強してもらうことを目標にしているためです。
・お子さまがドリルをやって、シールを貼っていたら、ぜひ褒めてあげてください。

かずの かんじ①

かんじを なぞった あと、
□に かんじを かきましょう。

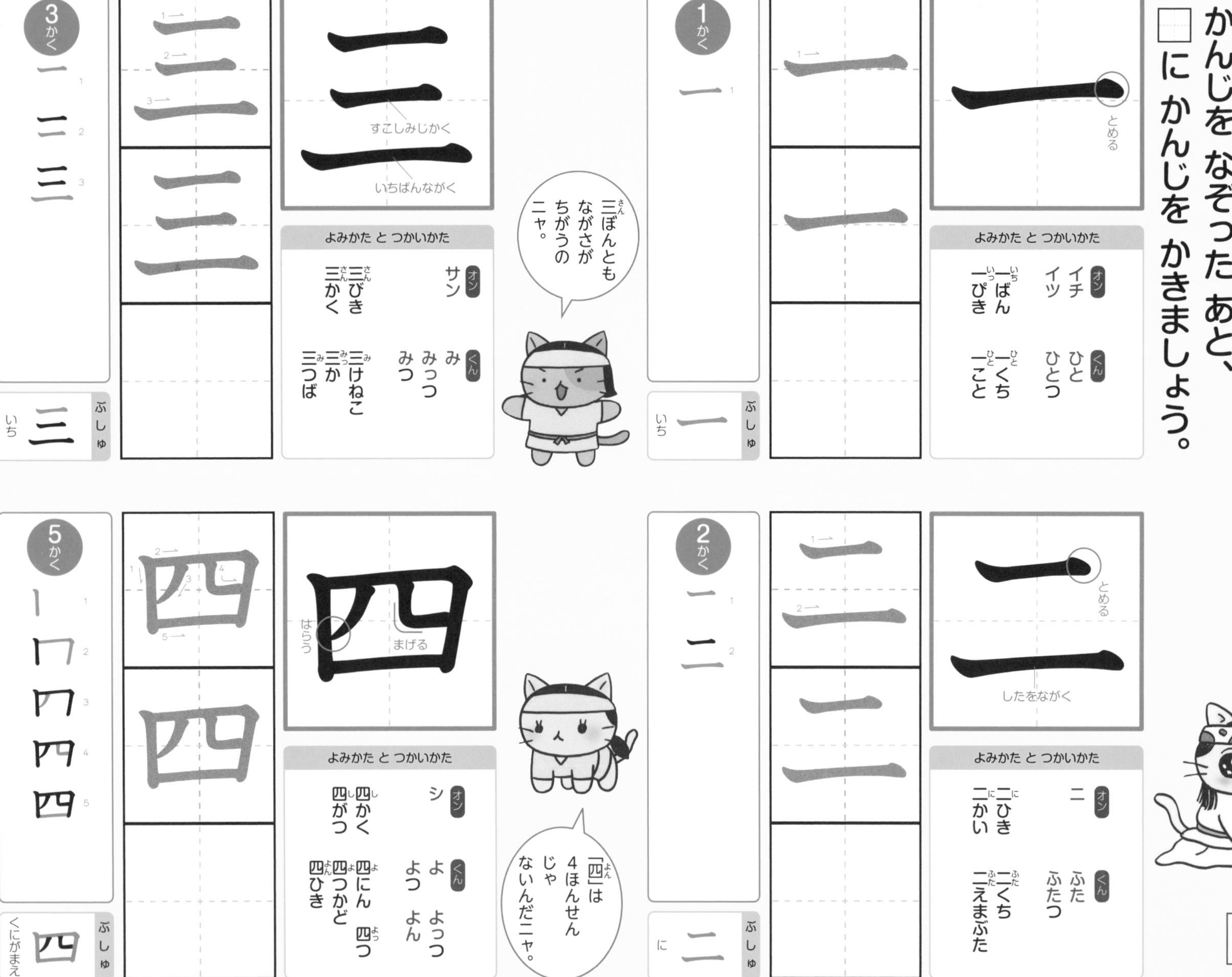

一（1かく）

とめる

よみかたと つかいかた

オン　イチ　イツ
くん　ひと　ひとつ

一ばん　一ぴき　一くち　一こと

ぶしゅ　一　いち

二（2かく）

とめる　したをながく

よみかたと つかいかた

オン　ニ
くん　ふた　ふたつ

二ひき　二かい　二くち　二えまぶた

ぶしゅ　二　に

三（3かく）

すこしみじかく　いちばんながく

よみかたと つかいかた

オン　サン
くん　み　みっつ　みつ

三びき　三かく　三けねこ　三か　三つば

ぶしゅ　一　いち

四（5かく）

まげる　はらう

よみかたと つかいかた

オン　シ
くん　よ　よつ　よっつ　よん

四かく　四がつ　四にん　四つかど　四ひき　四つ

ぶしゅ　囗　くにがまえ

がつ　　にち

ピンクいろの かんじの よみがなを（　）に かきましょう。

❶ ねこに しっぽは 一つニャ。

❷ 二ほんの きばが キラリ。

❸ 三つめの おばけが でた！

❹ ねこは 四ほんあしニャ！

ピンクいろの ひらがなの かんじを □に かきましょう。

❺ みかづきもようだニャ。

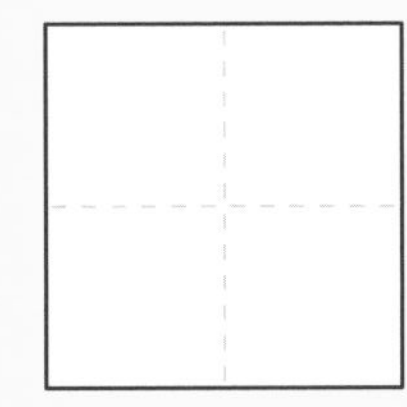

❻ しかくい ぼうしが すき！

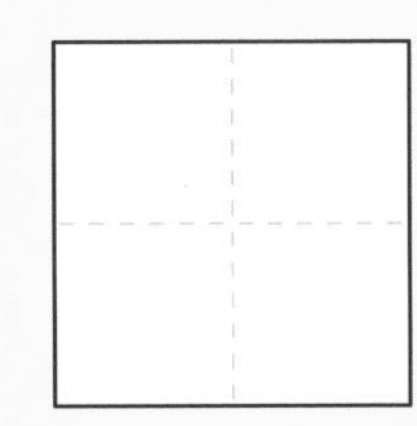

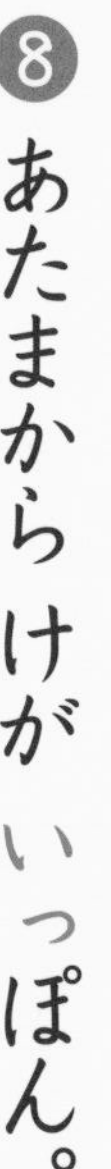

❼ かわいい ふたつの め。

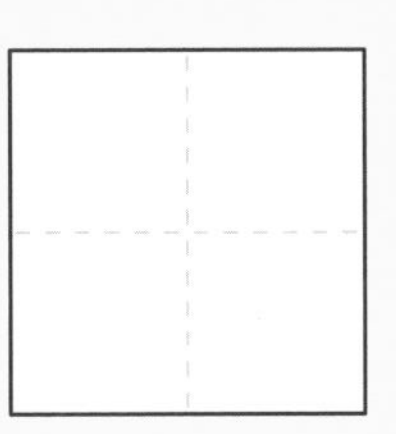

❽ あたまから けが いっぽん。

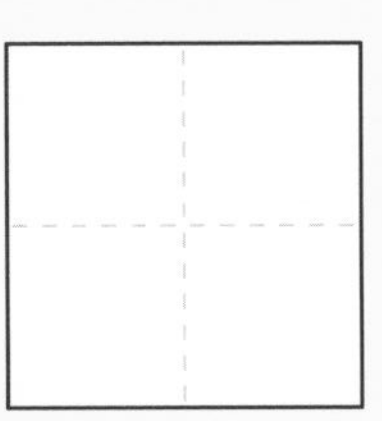

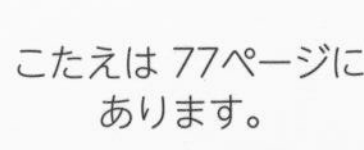
こたえは 77ページに
あります。

8もんちゅう
なんもん できたかな？

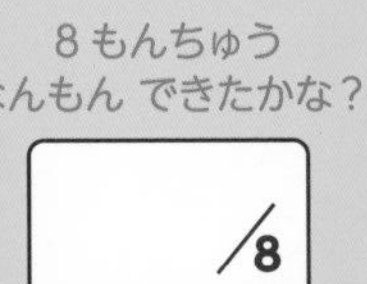

かずの かんじ②

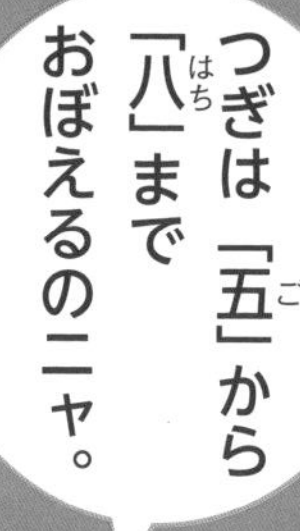

□がつ□にち

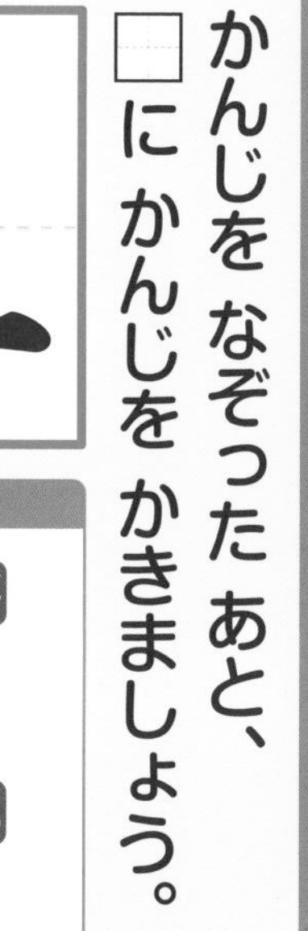

かんじを なぞった あと、□に かんじを かきましょう。

よみかた と つかいかた

オン　ゴ　五ひき　五ねんせい

くん　いつ　いつつ　五かご　五つ

4かく　一　丅　万　五

ぶしゅ　二（に）

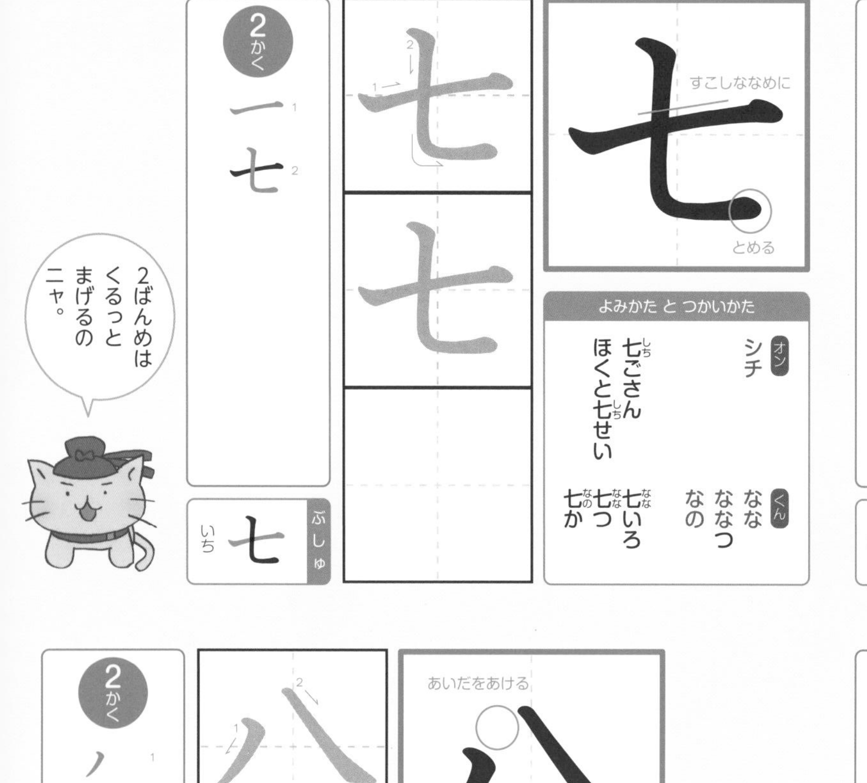

よみかた と つかいかた

オン　シチ　七ごさん　ほくと七せい

くん　なな　ななつ　なの　七いろ　七つ　七か

2かく　一　七

ぶしゅ　一（いち）

2ばんめは くるっと まげるの ニャ。

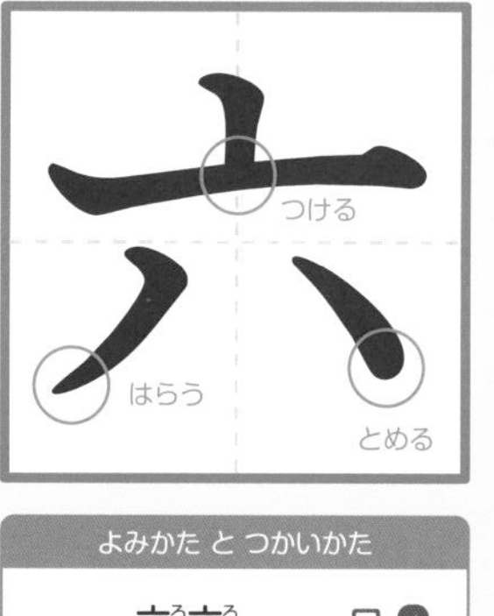

よみかた と つかいかた

オン　ロク　六にん　六かげつ

くん　む　むっつ　むつ　むい　六つきめ　六つ　六つぎり　六か

4かく　丶　亠　六　六

ぶしゅ　八（はち）

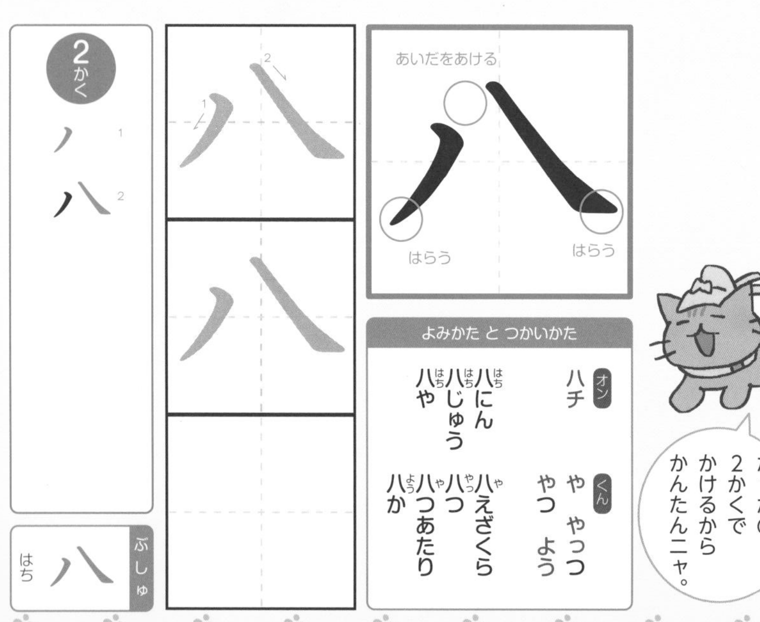

よみかた と つかいかた

オン　ハチ　八にん　八じゅう　八や

くん　や　やっつ　やつ　よう　八えざくら　八つ　八つあたり　八か

2かく　丿　八

ぶしゅ　八（はち）

ピンクいろの かんじの よみがなを（　）に かきましょう。

❶ 五れんぱつの じゅうニャ。

❷ むしは 六ぽんあしニャ。

❸ 七みとうがらしは からい。

❹ 八えざくらを みるニャ。

ピンクいろの ひらがなの かんじを □に かきましょう。

❺ ろくにんは きょうだい？

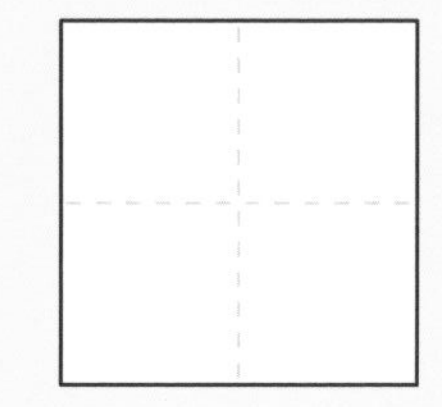

❻ たかい ごじゅうのとう。

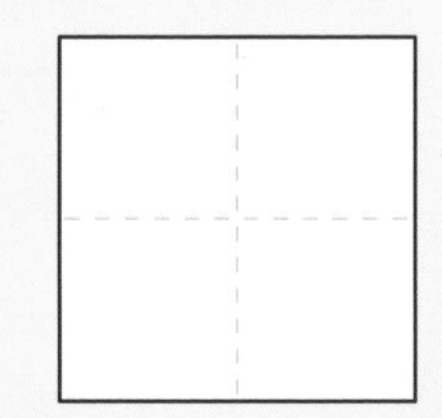

❼ あたまが やっつの へび。

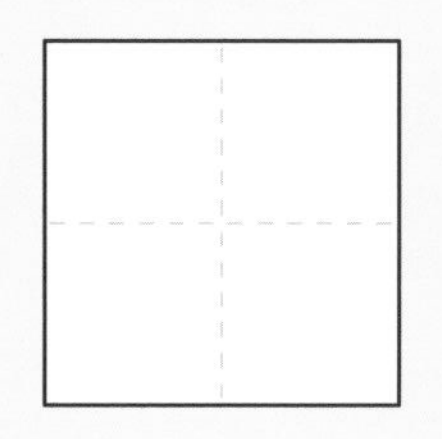

❽ しちじは えさの じかん。

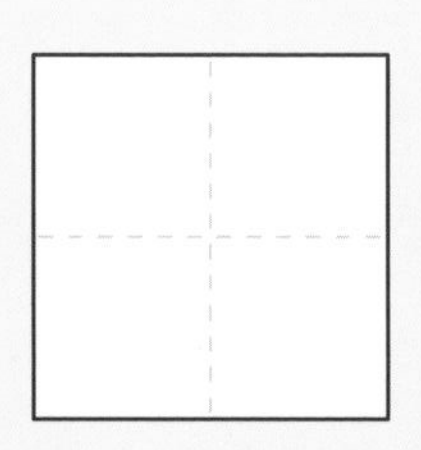

こたえは 77ページに
あります。

8もんちゅう
なんもん できたかな？

／8

シールを
はりましょう。

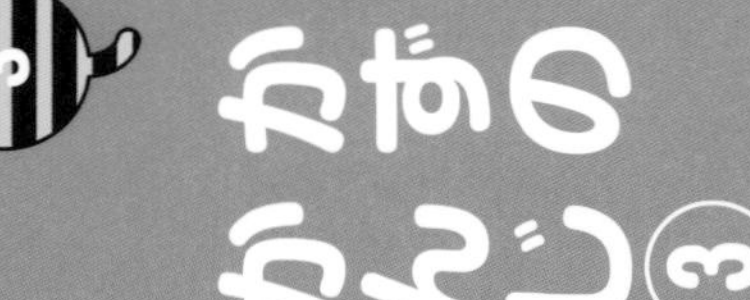

かずの かんじ③

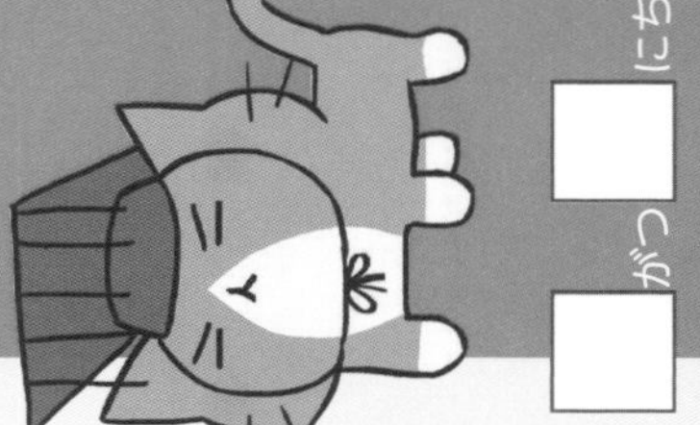

1から 1000まで かんじで かけたら かっこいいニャ。

かんじを なぞった あと、□に かんじを かきましょう。

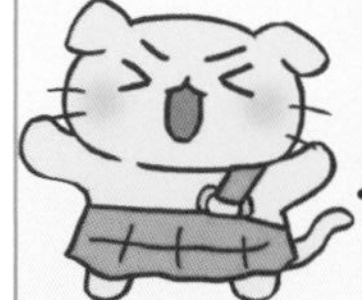

さいごに うえに ぴょんと はねるのニャ。

九

2かく　ノ 九

ぶしゅ　九（おつ）

はらう　はねる

よみかた と つかいかた

オン　キュウ　ク

九(きゅう)ひき　九(く)がつ

くん　ここの　ここのつ

九(ここの)か　九(ここの)つ

百

6かく　一 丆 丆 百 百 百

ぶしゅ　百（しろ）

ながく　はらう

よみかた と つかいかた

オン　ヒャク

百(ひゃく)えんだま　百(ひゃく)てんまんてん

くん　—

十

2かく　一 十

ぶしゅ　十（じゅう）

まんなかを とおす　とめる

よみかた と つかいかた

オン　ジュウ　ジッ　〈ジュッ〉

十(じゅう)じか　十(じっ)かい

くん　とお　と

十(とお)か　十(と)かちへいや

せんえんさつ にも かいて あるじ だニャ。

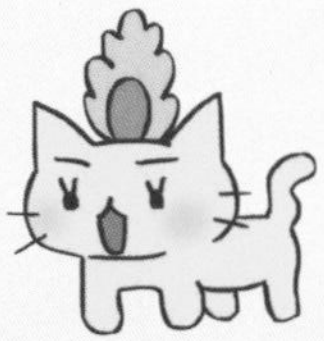

千

3かく　ノ 二 千

ぶしゅ　十（じゅう）

はらう　つける　とめる

よみかた と つかいかた

オン　セン

千(せん)えんさつ　千(せん)ぼんざくら

くん　ち

千(ち)よがみ　千(ち)ばけん

□がつ □にち

ピンクいろの かんじの よみがなを（　）に かきましょう。

1 九しゅうは あたたかい。

2 十じかを もった ねこだ。

3 百にんりきの つよい ねこ。

4 やりを 千ぼん あつめたぞ。

ピンクいろの ひらがなの かんじを □に かきましょう。

5 せんえんの ねこえさ。

6 とおかで すっかり やせた。

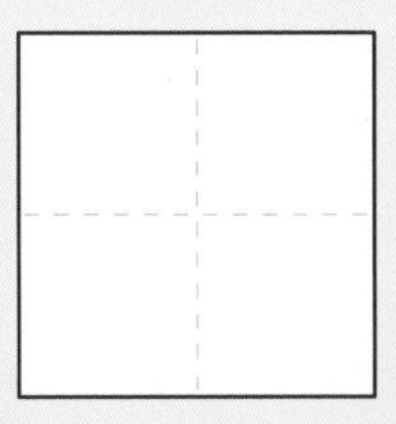

7 きづいたら ひゃくさい！

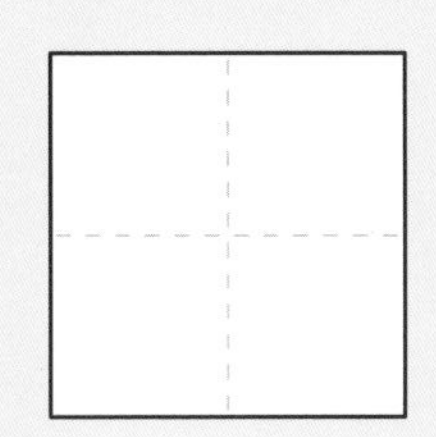

8 くじかんも にらみあい。

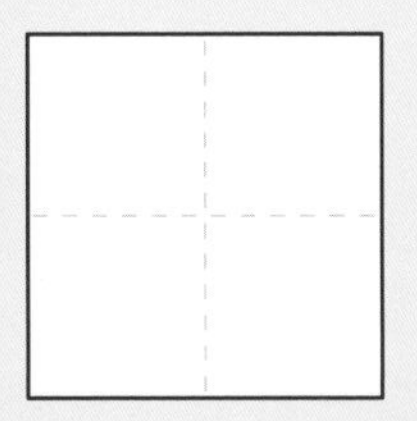

こたえは 77ページに あります。

8もんちゅう なんもん できたかな？

/8

シールを はりましょう。

4 むきの かんじ

かんじを なぞった あと、□に かんじを かきましょう。

□がつ□にち

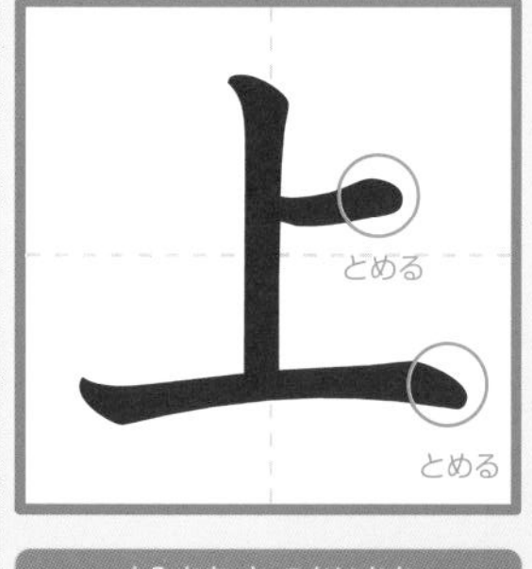

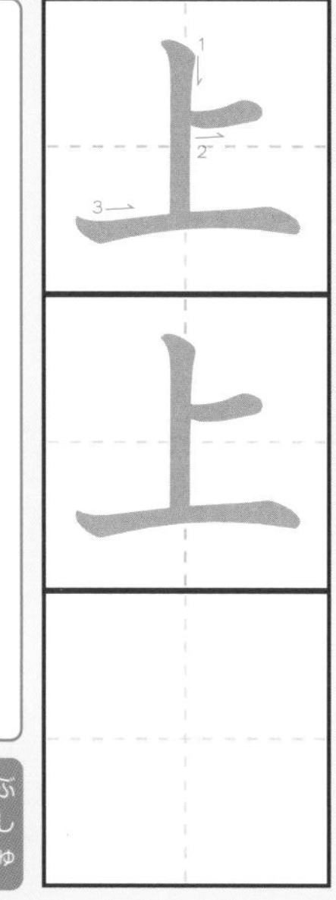

よみかた と つかいかた

オン ジョウ (ショウ)

くん うえ うわ かみ あげる あがる のぼる (のぼせる) (のぼす)

上げ(じょうげ) 上ぎ(うわぎ) 上げさげ(あげさげ) おく上(じょう) かざ上(かみ) 上りざか(のぼりざか)

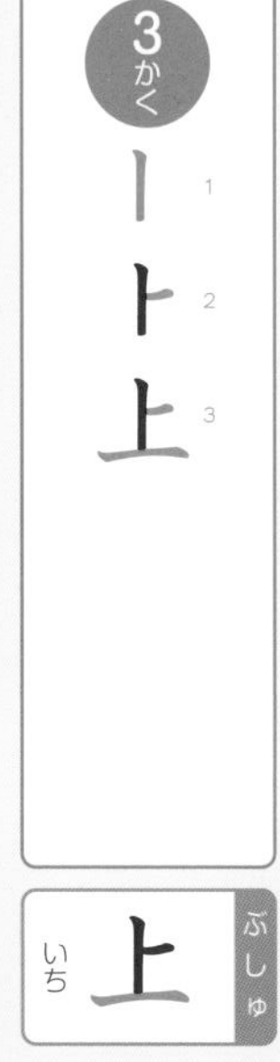

3かく　｜ ト 上

ぶしゅ　上　いち

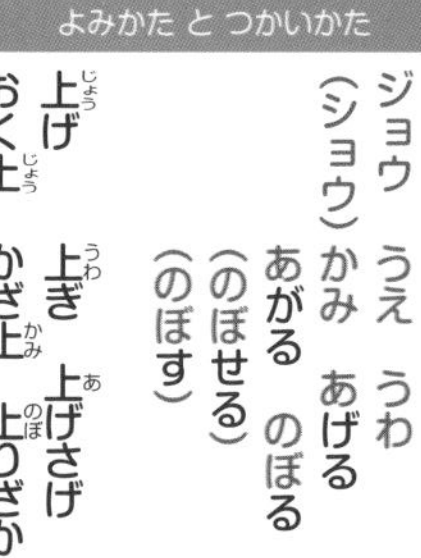

よみかた と つかいかた

オン カ ゲ

くん した しも さげる さがる くだる くだす くださる おろす おりる (もと)

ぶ下(か) 下ぎ(した) 下さい(くだ) じょう下(げ) かわ下(しも) 下りる(お)

3かく　一 丅 下

ぶしゅ　下　いち

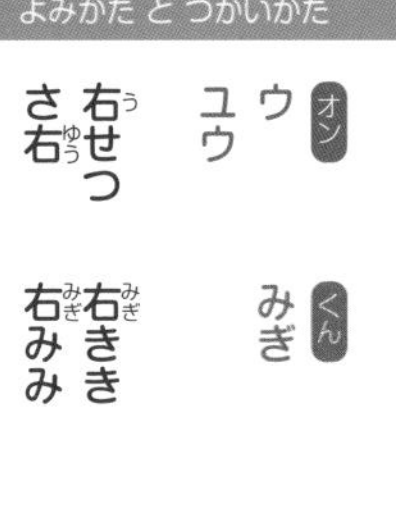

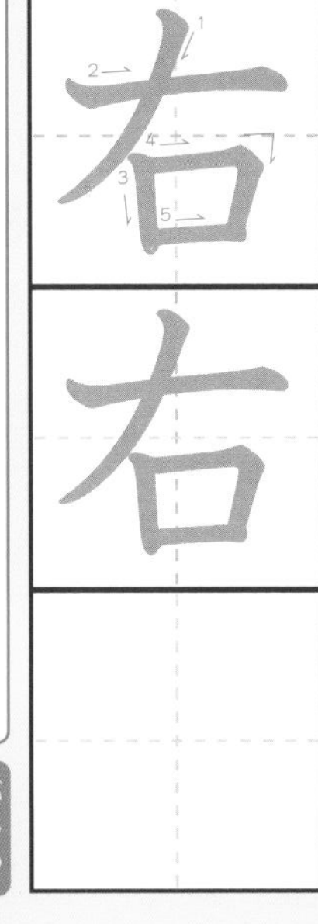

よみかた と つかいかた

オン ウ ユウ

くん みぎ

右せつ(う) 右きき(みぎ) さ右(ゆう) 右みみ(みぎ)

5かく　ノ ナ 𠂇 右 右

ぶしゅ　右　くち

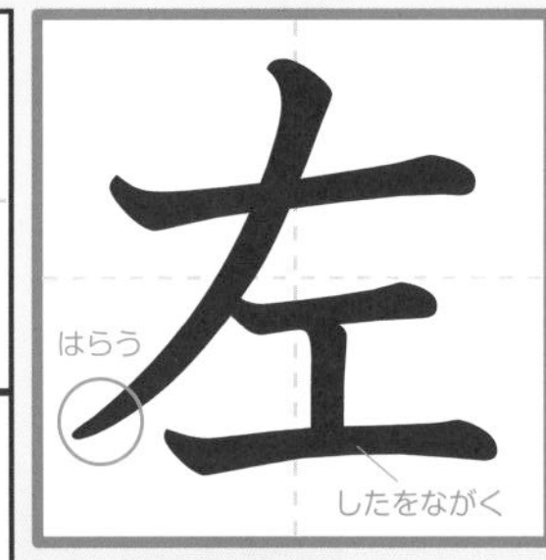

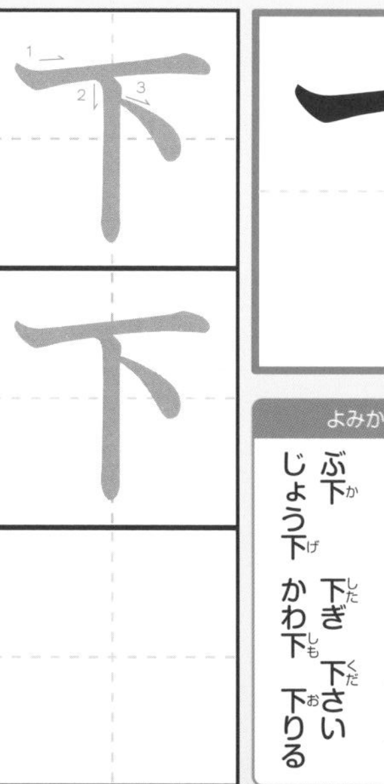

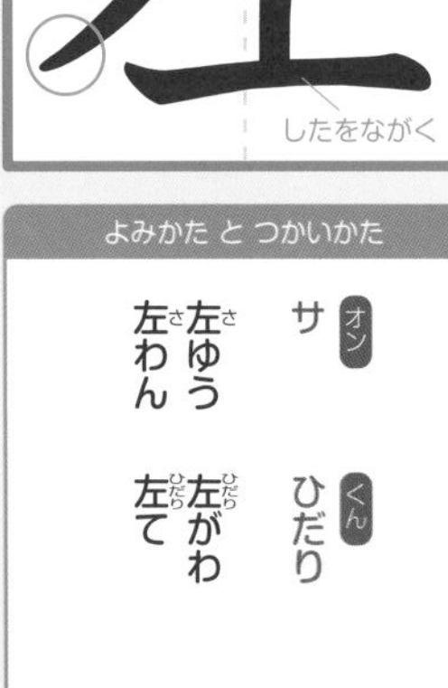

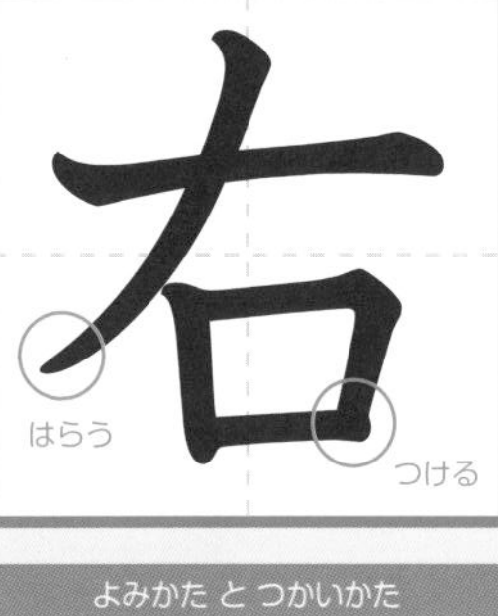

よみかた と つかいかた

オン サ

くん ひだり

左ゆう(さ) 左がわ(ひだり) 左わん(さ) 左て(ひだり)

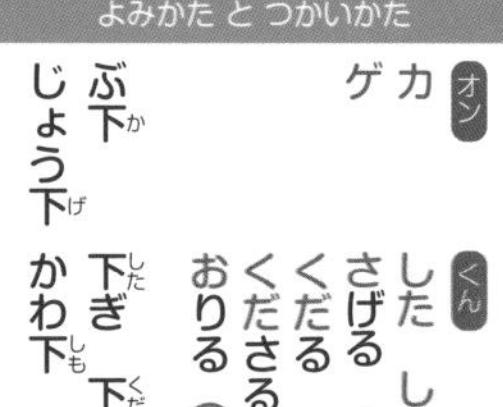

5かく　一 ナ 𠂇 左 左

ぶしゅ　左　こう　たくみ　え

ピンクいろの かんじの よみがなを（　）に かきましょう。

1 ねこの 上に なぜ カメが？

（　　　）

2 ねこの 下に カマキリ。

（　　　）

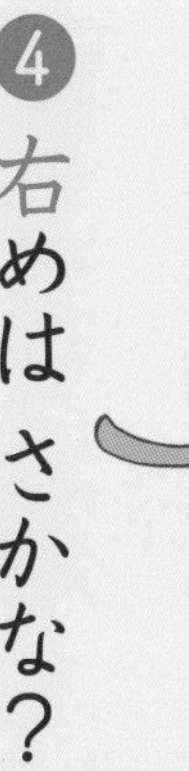

3 わたしは 左ききなのニャ。

（　　　）

4 右めは さかな？

（　　　）

ピンクいろの ひらがなの かんじを □ に かきましょう。

5 みぎてに やり。つよそう。

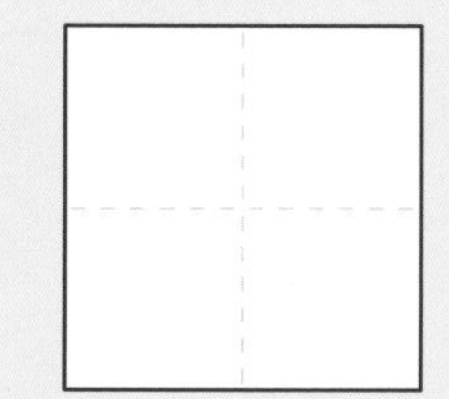

6 さゆうの てに けんを もつ。

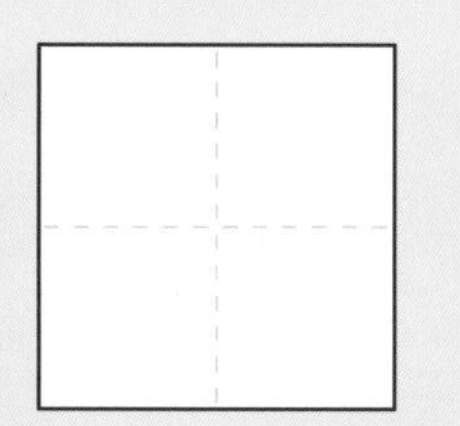

7 ちかしつは ねずみ だらけ。

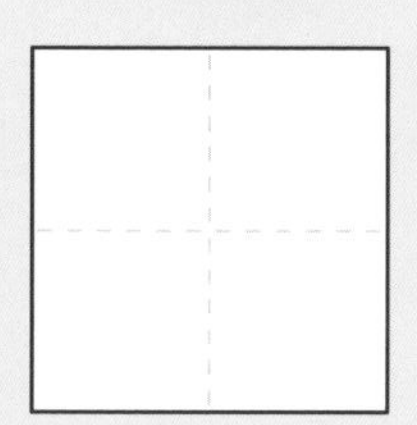

8 うまの うえで ポーズ！

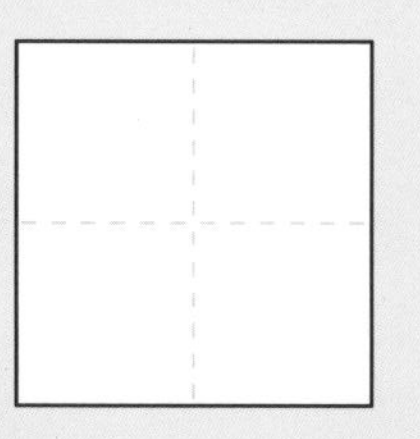

こたえは 77ページに
あります。

8 もんちゅう
なんもん できたかな？

／8

シールを
はりましょう。

かくにんテスト①

ピンクいろの かんじの よみがなを （　） に かきましょう。

① 三びきの ねこが ひなたぼっこ。（　　　）

② ねこの トイレは 四かく なのニャ。（　　　）

③ 九にんで やきゅうを する。（　　　）

④ 百えんで えさを かう。（　　　）

⑤ ひげは さ右に あるのニャ。（　　　）

⑥ うえから 下まで けが あるのニャ。（　　　）

⑦ 一ぴきより にひきが いい。（　　　）

⑧ かわ上に ねこが いたニャ。（　　　）

⑨ 十じろに ねずみ はっけん。（　　　）

⑩ 八じに えさを たべるのニャ。（　　　）

ピンクいろの ひらがなの かんじを □に かきましょう。

⑪ かわいい ねこが にひきも いる！ □

⑫ こやの やねは さんかく ニャ。 □

⑬ ねこにんじゃが ごひきも いる。 □

⑭ ねこの めは しちへんげ。 □

⑮ ひだりみみが ちゃいろい。

⑯ きの うえに ねずみ はっけん。

⑰ せんばづるに じゃれちゃった。

⑱ よんひきは しんゆうニャ。

⑲ ねこじゃらしが ろっぽん ある。

⑳ みぎあしが かゆいニャ〜。

□の かんじの かくすうを （ ） に かきましょう。

㉑ 三（　）

㉒ 四（　）

㉓ 上（　）

㉔ 九（　）

㉕ 六（　）

㉖ 左（　）

㉗ 右（　）

㉘ 下（　）

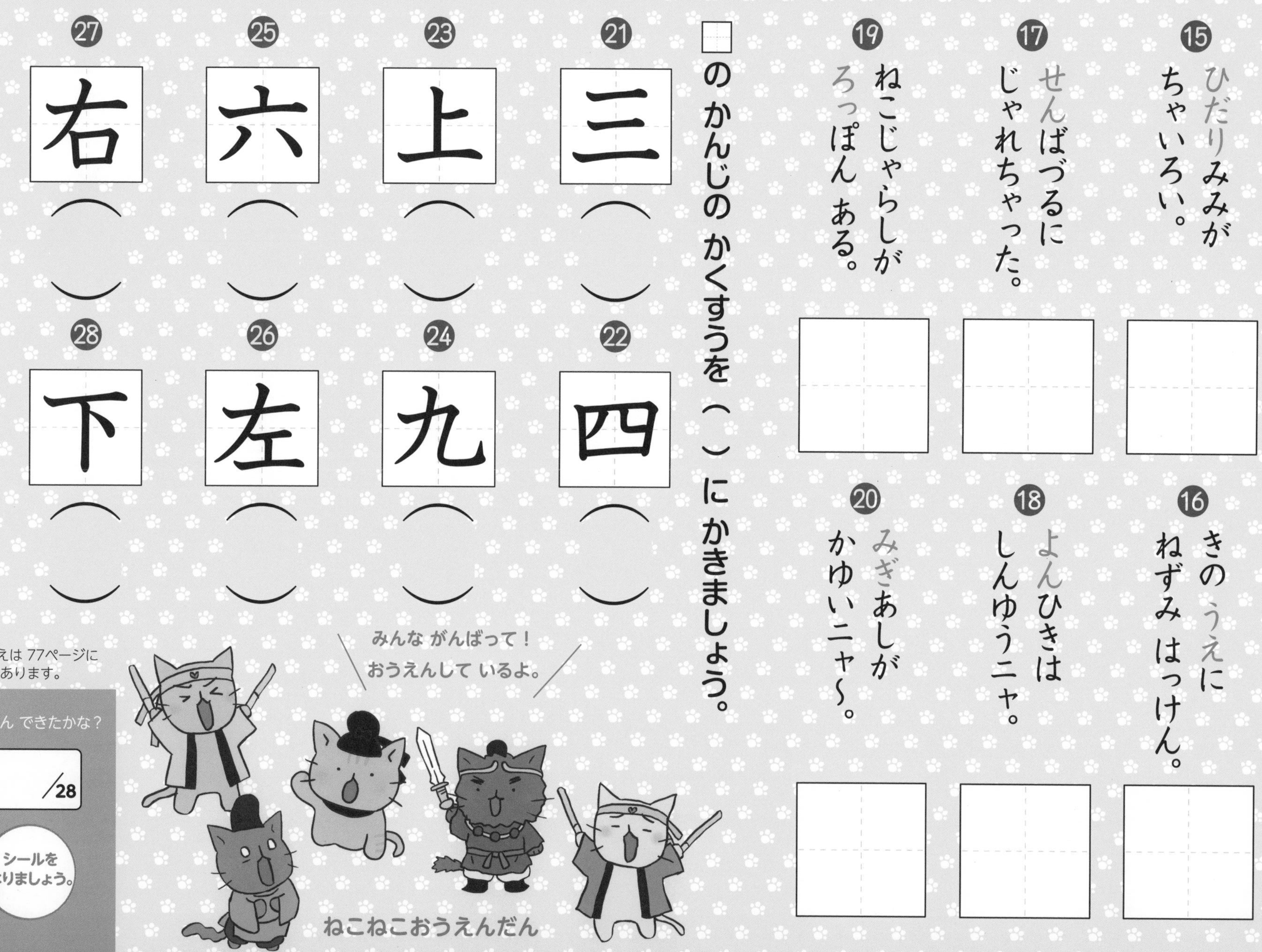

こたえは 77ページに あります。

なんもん できたかな？

／28

シールを はりましょう。

パズルで あそぼう。①

こねこの かずと おなじ かずの かんじを、せんで むすぼう。

じょうずに できるか ニャ？

一

二

三

四

五

こねこが いっぱい ニャ！

こたえは 77ページに あります。

できたかな？

シールを はりましょう。

□がつ□にち

パズルで あそぼう。②

おなじ かずを あらわす すうじと かんじを まっすぐな せんで むすぼう。せんを ひくと、ねこたちが わかれちゃうね。ひとりぼっちに なっちゃう ねこは どれかな？ ○で かこもう。

□がつ□にち

6	7	8	9	10

八	十	六	七	九

こたえは 77ページに
あります。

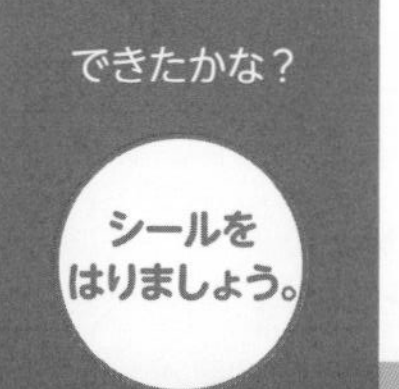

パズルで あそぼう。③

こねこが まいごに なっちゃった。
一(いち)から 十(じゅう)まで じゅんばんに すすんで
おうちに かえろう。

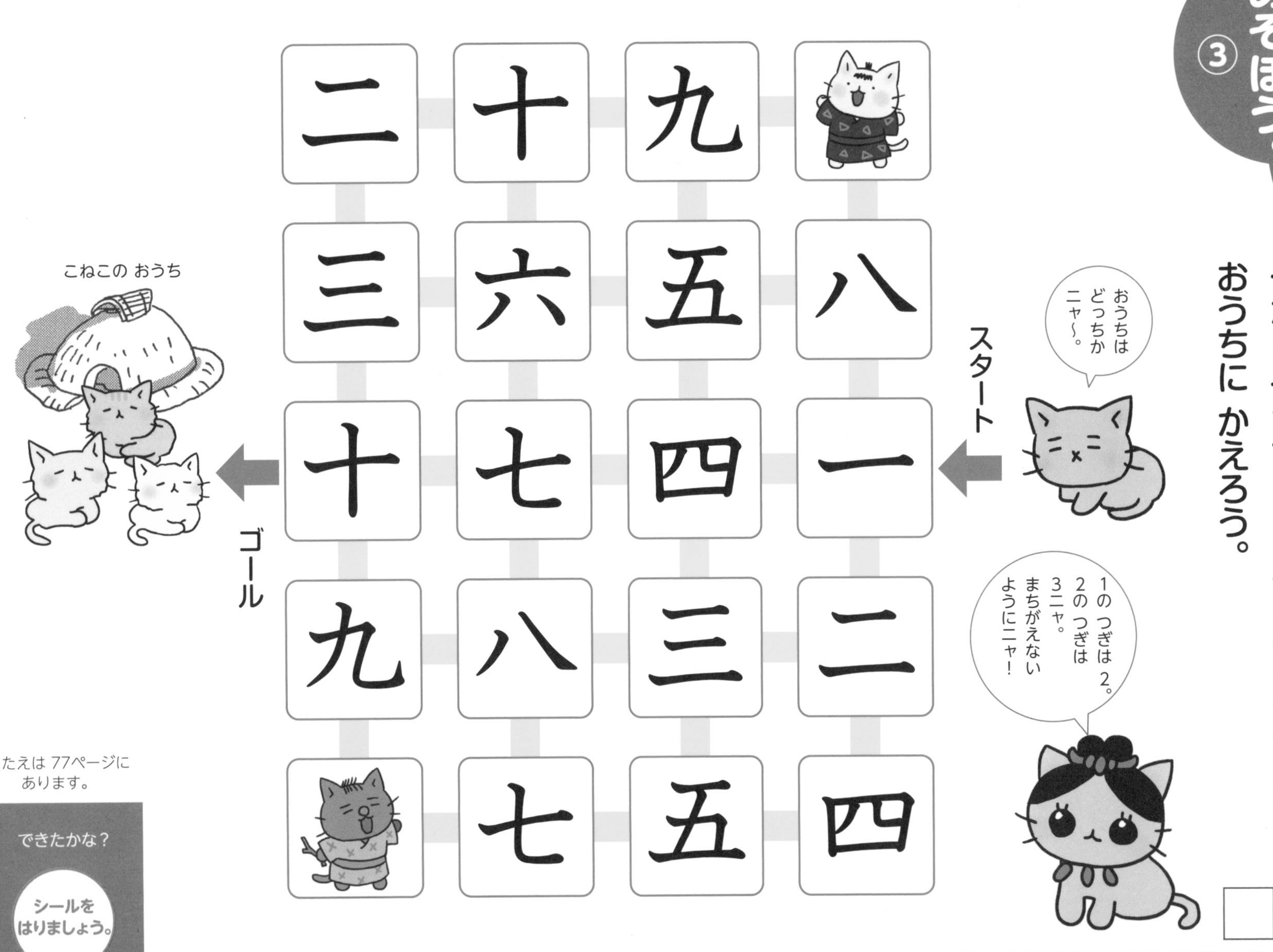

□がつ□にち

こたえは 77ページに ありますす。

できたかな？

シールを はりましょう。

パズルで あそぼう。④

〈れい〉の ように、上（うえ）、下（した）、右（みぎ）、左（ひだり）の もじの しめす むきに したがって すすんで いこう。よりともくんは だれの ところに つくかな？

□がつ□にち

あおい やじるしの ような むきに すすもう。

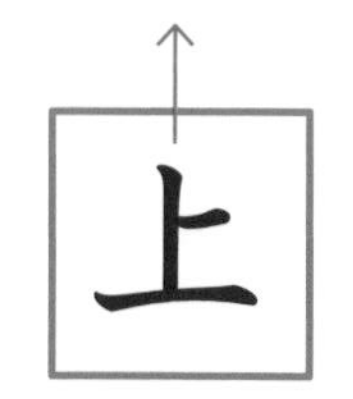

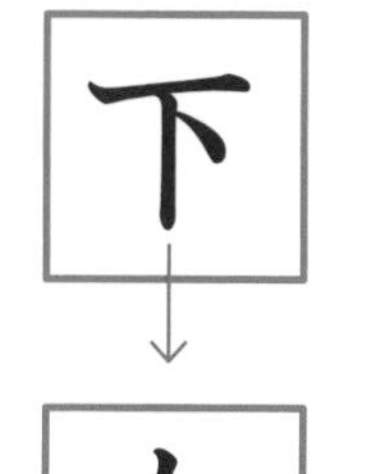

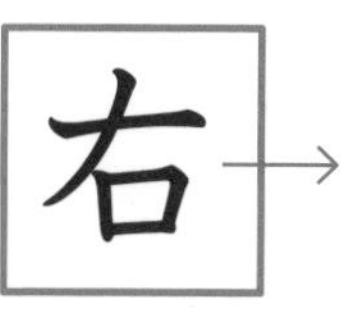

きよもり くん

まさこ ちゃん

よしつね くん

しずか ちゃん

よりとも くん

〈れい〉では スタートの マス（きいろい マス）に かかれて いる かんじは「上（うえ）」。だから 上（うえ）（↑）の マスに すすんで いるよ。つぎは なんて かいて あるかな？

こたえは 78ページに あります。

5 しぜんの かんじ①

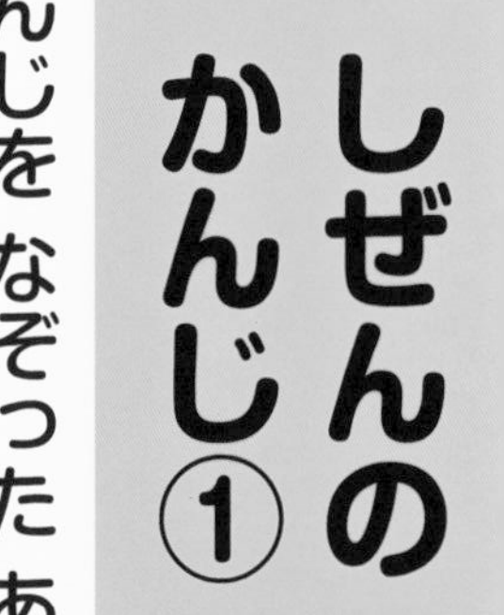

かんじを なぞった あと、□に かんじを かきましょう。

□がつ□にち

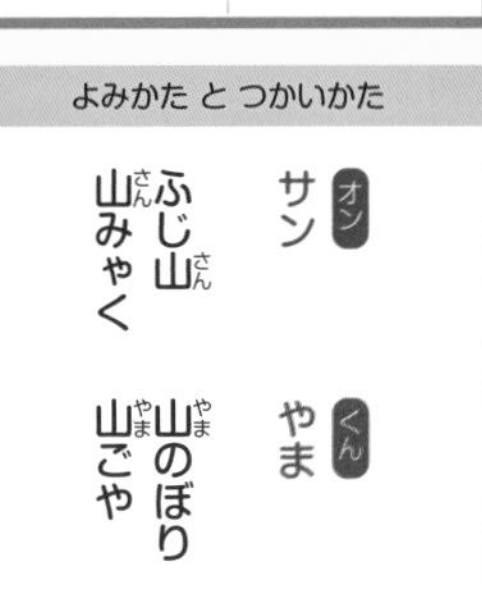

山

すこしつきだす

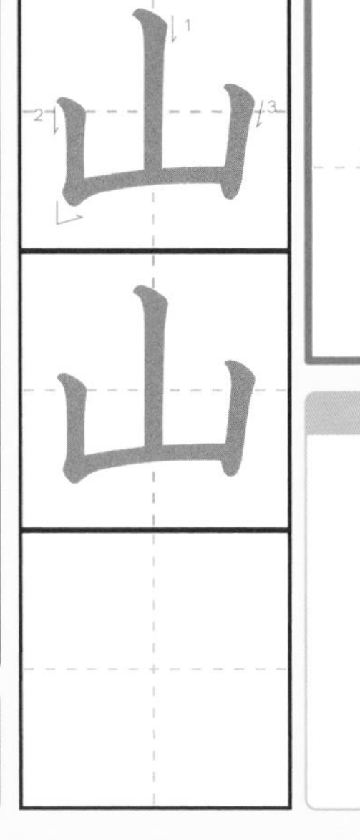

よみかたと つかいかた

オン サン
ふじ山（さん）
山（さん）みゃく

くん やま
山（やま）のぼり
山（やま）ごや

3かく

| 山 山

ぶしゅ 山 やま

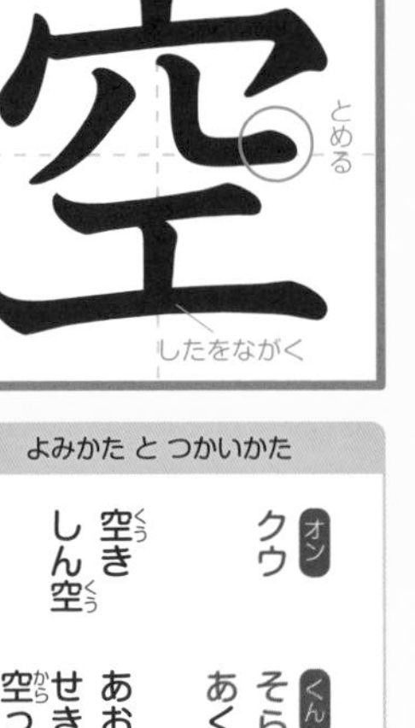

空

とめる
したをながく

よみかたと つかいかた

オン クウ
空（くう）き
しん空（くう）

くん そら あく から あける
あおい 空（そら）
せきを 空（あ）ける
空（から）っぽ

8かく

丶 丶 宀 宀 宂 穵 空 空

ぶしゅ 空 あなかんむり

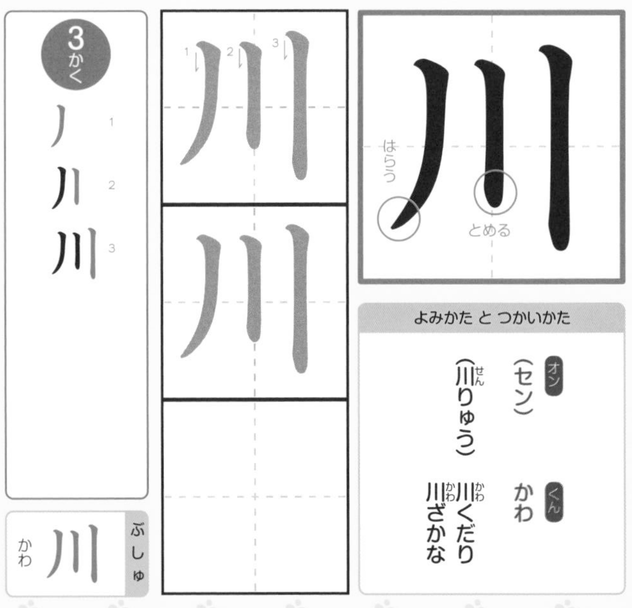

川

はらう
とめる

よみかたと つかいかた

オン （セン）
（川（せん）りゅう）

くん かわ
川（かわ）くだり
川（かわ）ざかな

3かく

ノ 川 川

ぶしゅ 川 かわ

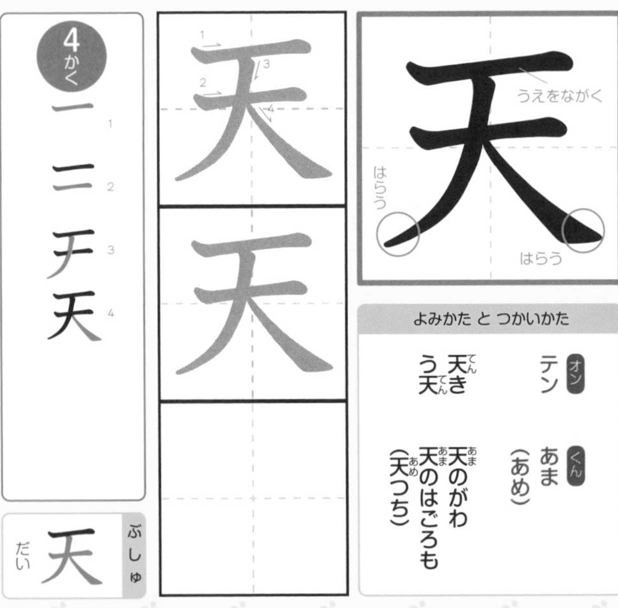

天

うえをながく
はらう
はらう

よみかたと つかいかた

オン テン
天（てん）き
うてん

くん あま （あめ）
天（あま）のがわ
天（あま）のはごろも
（天（あめ）つち）

4かく

一 二 チ 天

ぶしゅ 天 だい

ピンクいろの かんじの よみがなを（　）に かきましょう。

1 川まで つりに いこう。（　　）

2 山には こわい くまが いる。（　　）

3 空きが おいしいニャ～。（　　）

4 天さい ねこ しゅつげん！（　　）

ピンクいろの ひらがなの かんじを □ に かきましょう。

5 やまの うえに ボスねこ。

6 かわざかなは おいしいニャ。

7 ひなたは ねこの てんごく。

8 そらに おじぞうさん！

こたえは 78ページに あります。

8もんちゅう なんもん できたかな？

／8

シールを はりましょう。

6 しぜんの かんじ②

みどりに かんする じが おおい ニャ。

□がつ□にち

かんじを なぞった あと、□に かんじを かきましょう。

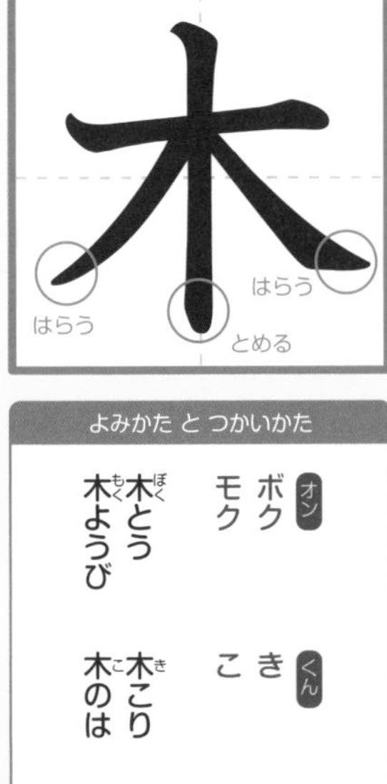

木

はらう　とめる　はらう

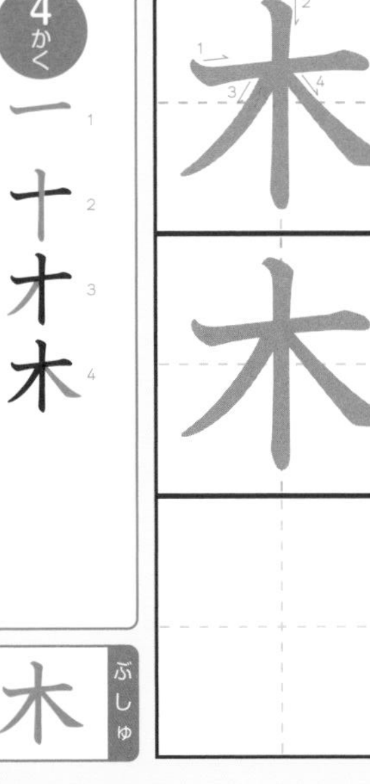

よみかたと つかいかた

オン　ボク　モク
木(ぼく)とう　木(もく)ようび

くん　き　こ
木(き)こり　木(こ)のは

4かく
一 十 才 木

ぶしゅ　木　き

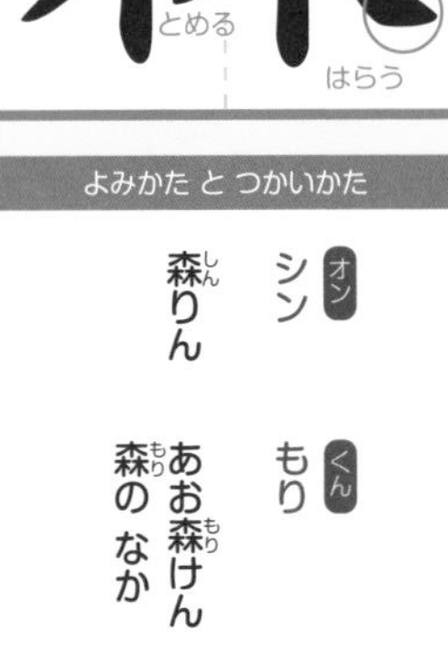

森

はらう　とめる　はらう

よみかたと つかいかた

オン　シン
森(しん)りん

くん　もり
あお森(もり)けん　森(もり)の なか

12かく
一 十 才 木 本 本 杢 杢 森 森 森 森

ぶしゅ　森　き

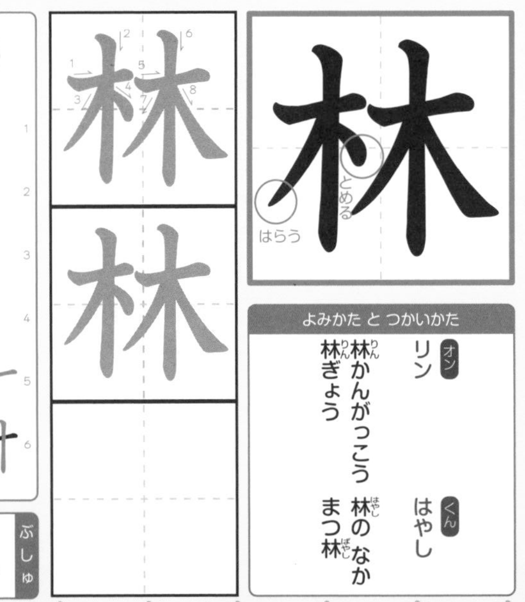

林

はらう　とめる

よみかたと つかいかた

オン　リン
林(りん)かんがっこう　林(りん)ぎょう

くん　はやし
林(はやし)の なか　まつ林(ばやし)

8かく
一 十 才 木 木 村 村 林

ぶしゅ　林　きへん

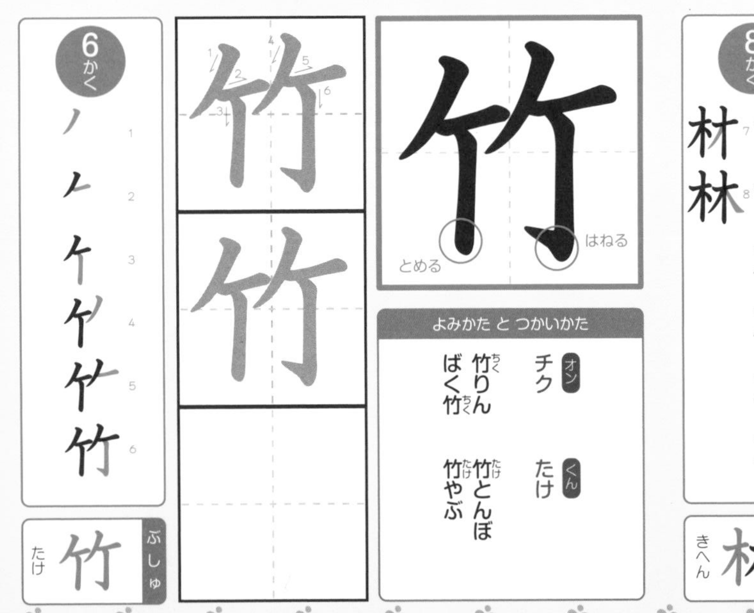

竹

とめる　はねる

よみかたと つかいかた

オン　チク
竹(ちく)りん　ばく竹(ちく)

くん　たけ
竹(たけ)とんぼ　竹(たけ)やぶ

6かく
ノ 𠂉 ケ 𠃊 竹 竹

ぶしゅ　竹　たけ

ピンクいろの かんじの よみがなを （　） に かきましょう。

❶ 森に テングザルが いた。

（　　　）

❷ 林には とらが いたのニャ！

（　　　）

❸ 木の たばは おもいニャ。

（　　　）

❹ 竹で できた ふえニャ。

（　　　）

ピンクいろの ひらがなの かんじを □に かきましょう。

❺ たけの かたなで たたかう。

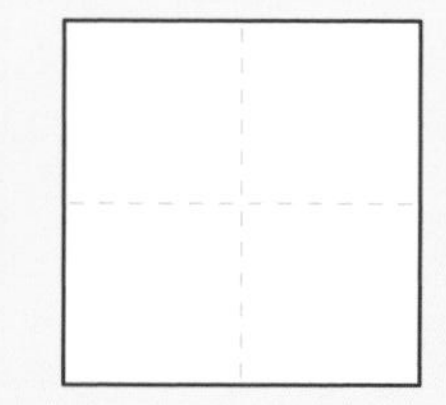

❻ きで できた くるま。

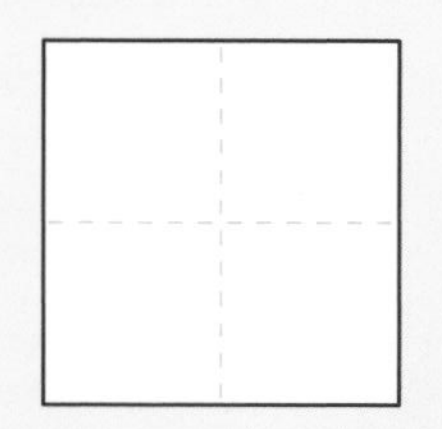

❼ てきが はやしに にげたぞ。

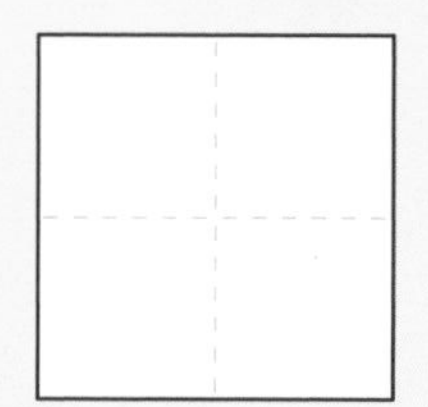

❽ もりに へんな かみさまが。

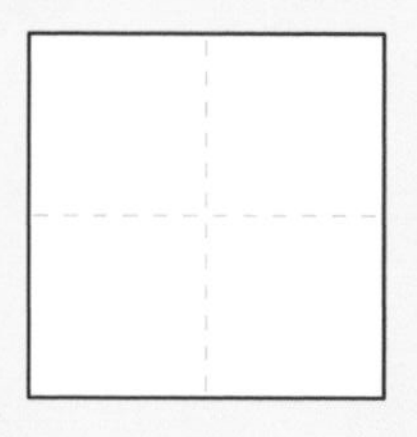

こたえは 78ページに あります。

7 しぜんの かんじ③

かんじを なぞった あと、□に かんじを かきましょう。

□がつ□にち

草

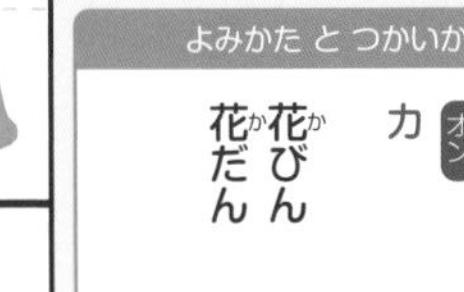

まんなかを とおす

よみかた と つかいかた

オン ソウ
草げん　ざっ草

くん くさ
草ばな　ねこ草

9かく
一 十 艹 艹 芦 芦 苩 苴 草

ぶしゅ 草 くさかんむり

花

はらう　はらう　はねる

よみかた と つかいかた

オン カ
花びん　花だん

くん はな
花ばな　さくらの花

7かく
一 十 艹 艹 艹 芢 花

ぶしゅ 花 くさかんむり

土

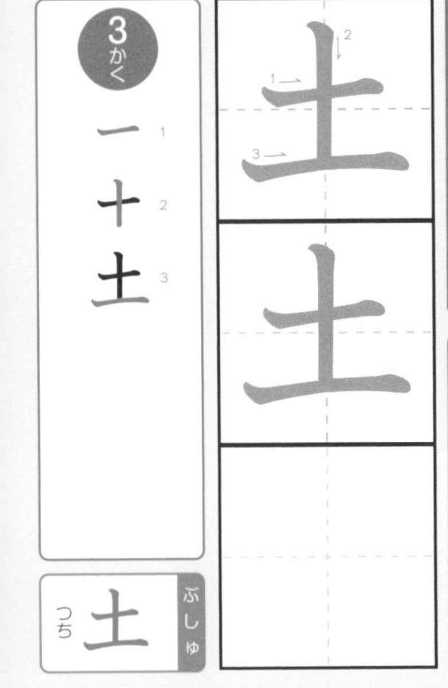

とめる　したをながく

よみかた と つかいかた

オン ド　ト
ねん土　土ち

くん つち
あか土　土いじり

3かく
一 十 土

ぶしゅ 土 つち

石

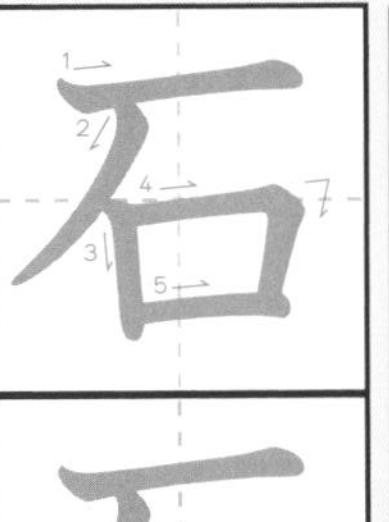
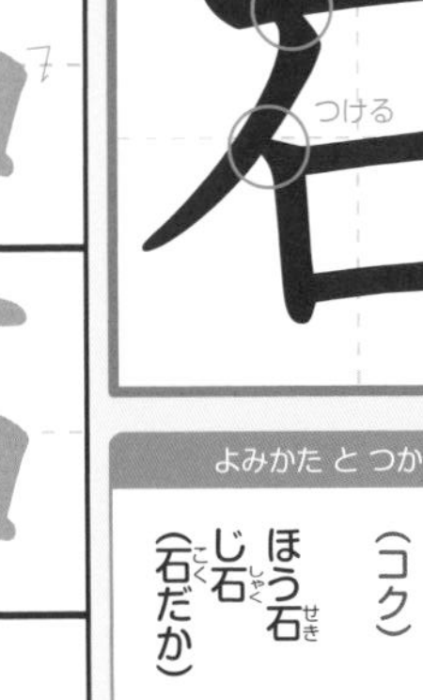

つきださない　つける

よみかた と つかいかた

オン セキ　シャク　(コク)
ほう石　じ石　(石だか)

くん いし
こ石　石やきいも

5かく
一 ア 不 石 石

ぶしゅ 石 いし

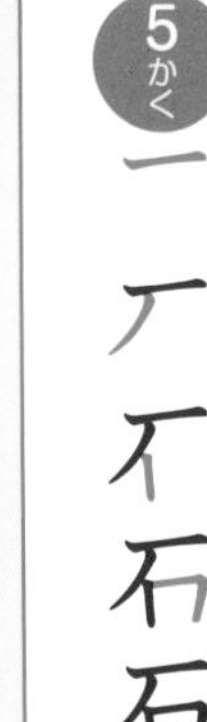

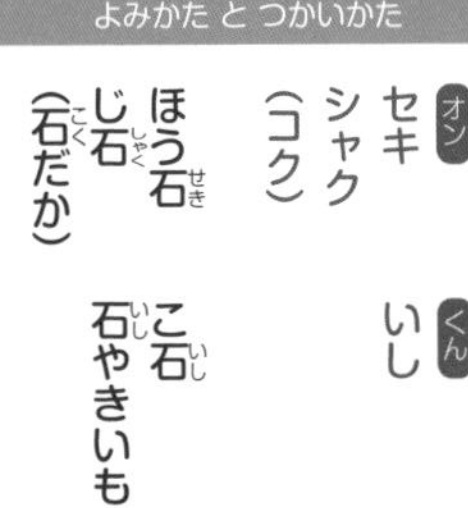

ピンクいろの かんじの よみがなを（　）に かきましょう。

❶ 石で つめは とげないニャ。（　　）

❷ この 花たばを きみに。（　　）

❸ ねこ草は おいしいニャ〜。（　　）

❹ 土ひょうに ねこ あらわる。（　　）

ピンクいろの ひらがなの かんじを □ に かきましょう。

❺ あたまに くさ？ □

❻ あたまに はな？ □

❼ つちほりは まかせて！ □

❽ こいしは ねこの おもちゃ。 □

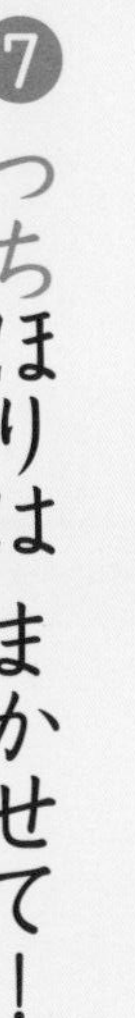

こたえは 78ページに
あります。

8もんちゅう
なんもん できたかな？

/8

シールを
はりましょう。

8 ちきゅう・せいかつの かんじ

かんじを なぞった あと、□に かんじを かきましょう。

□がつ□にち

ピンクいろの かんじの よみがなを（　）に かきましょう。

1 火じを けす ひけしねこ。

2 げん気 いっぱいニャ。

3 水の ペットボトル。

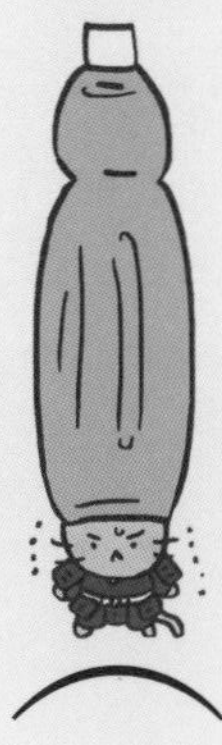

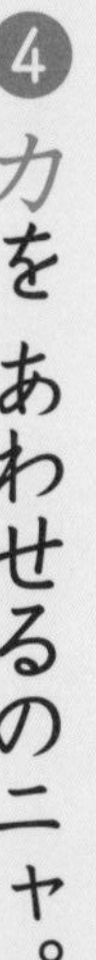
4 力を あわせるのニャ。

ピンクいろの ひらがなの かんじを□に かきましょう。

5 げんきすぎる ねこが いる。

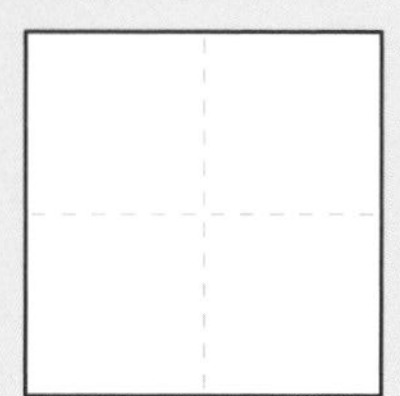

6 すもうとりは ちからもち。

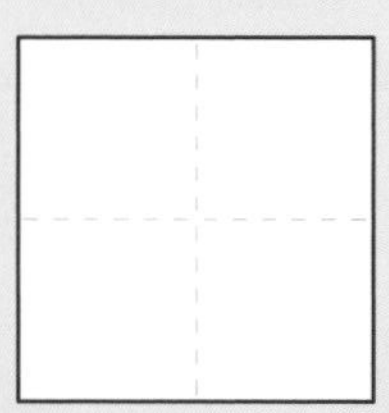

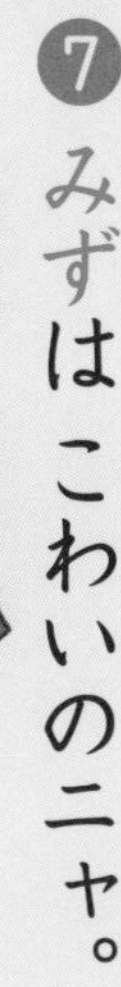
7 みずは こわいのニャ。

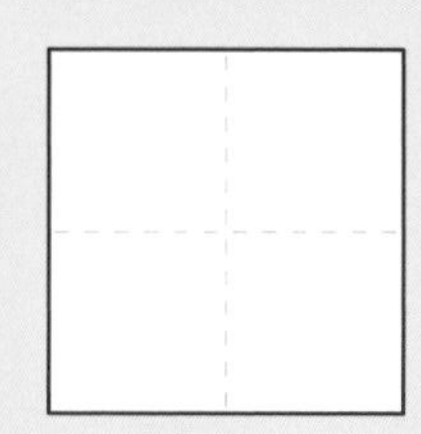

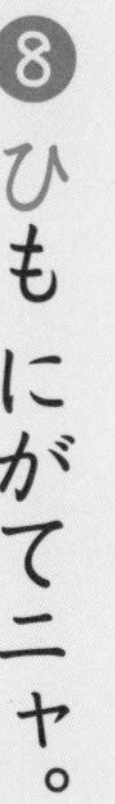
8 ひも にがてニャ。

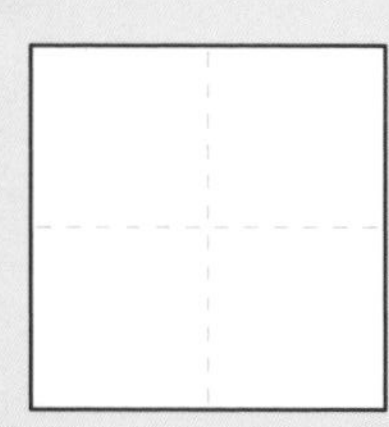

こたえは 78ページに あります。

8もんちゅう なんもん できたかな？

/8

シールを はりましょう。

□がつ□にち

ピンクいろの かんじの よみがなを （ ） に かきましょう。

1 きれいな 花が さいて いるニャ。（　　）

2 林には きが いっぱい ニャ。（　　）

3 森には きが もっと あるニャ。（　　）

4 あお空は きもちいいニャ。（　　）

5 こ石は ねこの おもちゃニャ。（　　）

6 きょうも げん気 いっぱいニャ。（　　）

7 あしたは 火ようびニャ。（　　）

8 水ようびは えんそくニャ。（　　）

9 土ようびは おやすみニャ！（　　）

10 竹で できた ふえを ふくニャ。（　　）

ピンクいろの ひらがなの かんじを □ に かきましょう。

11 はれの ひは きもちいいニャ！

12 こうていに くさが いっぱい。

13 あした てんきに なあれ。

14 ふじさんは にほんいちニャ。

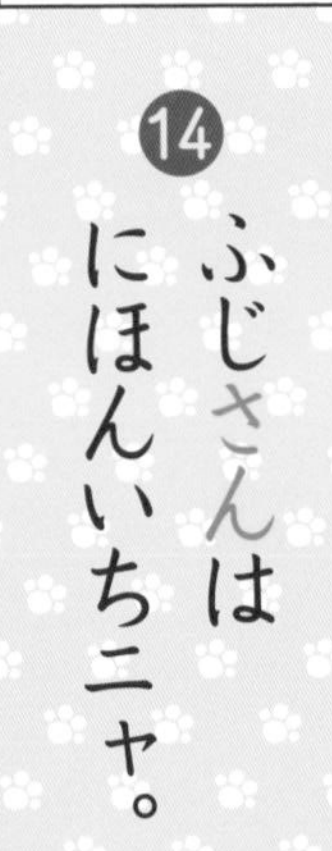

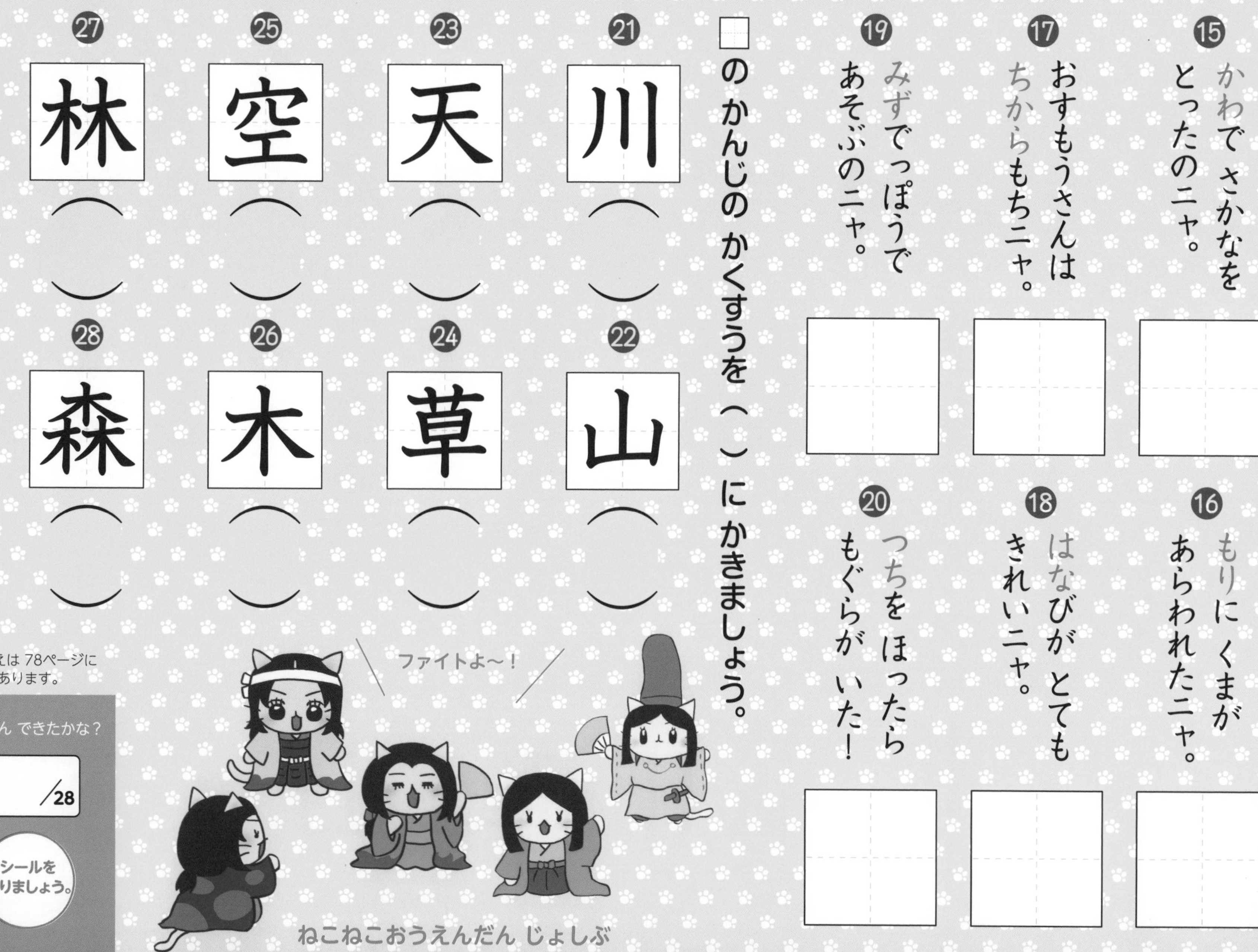

⑮ かわで さかなを とったのニャ。

⑯ もりに くまが あらわれたニャ。

⑰ おすもうさんは ちからもちニャ。

⑱ はなびが とても きれいニャ。

⑲ みずでっぽうで あそぶのニャ。

⑳ つちを ほったら もぐらが いた！

□の かんじの かくすうを（　）に かきましょう。

㉑ 川（　）

㉒ 山（　）

㉓ 天（　）

㉔ 草（　）

㉕ 空（　）

㉖ 木（　）

㉗ 林（　）

㉘ 森（　）

こたえは 78ページに あります。

なんもん できたかな？

／28

シールを はりましょう。

⑤ パズルで あそぼう。

ねこたちは
なんの えを もって いる かな？
したの かんじと せんで むすぼう。

こたえは 78ページに ありますす。

できたかな？

シールを はりましょう。

□がつ □にち

パズルで あそぼう。⑥

3かくで かける かんじは どれかな。
みつけて ○を つけよう。

土

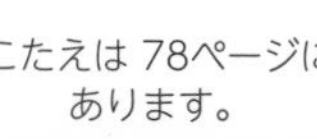
こたえは 78ページに
あります。

□がつ□にち

パズルで あそぼう。⑦

かんじの よみかたが ただしい ところに いろを ぬろう。なんの えが できるかな。

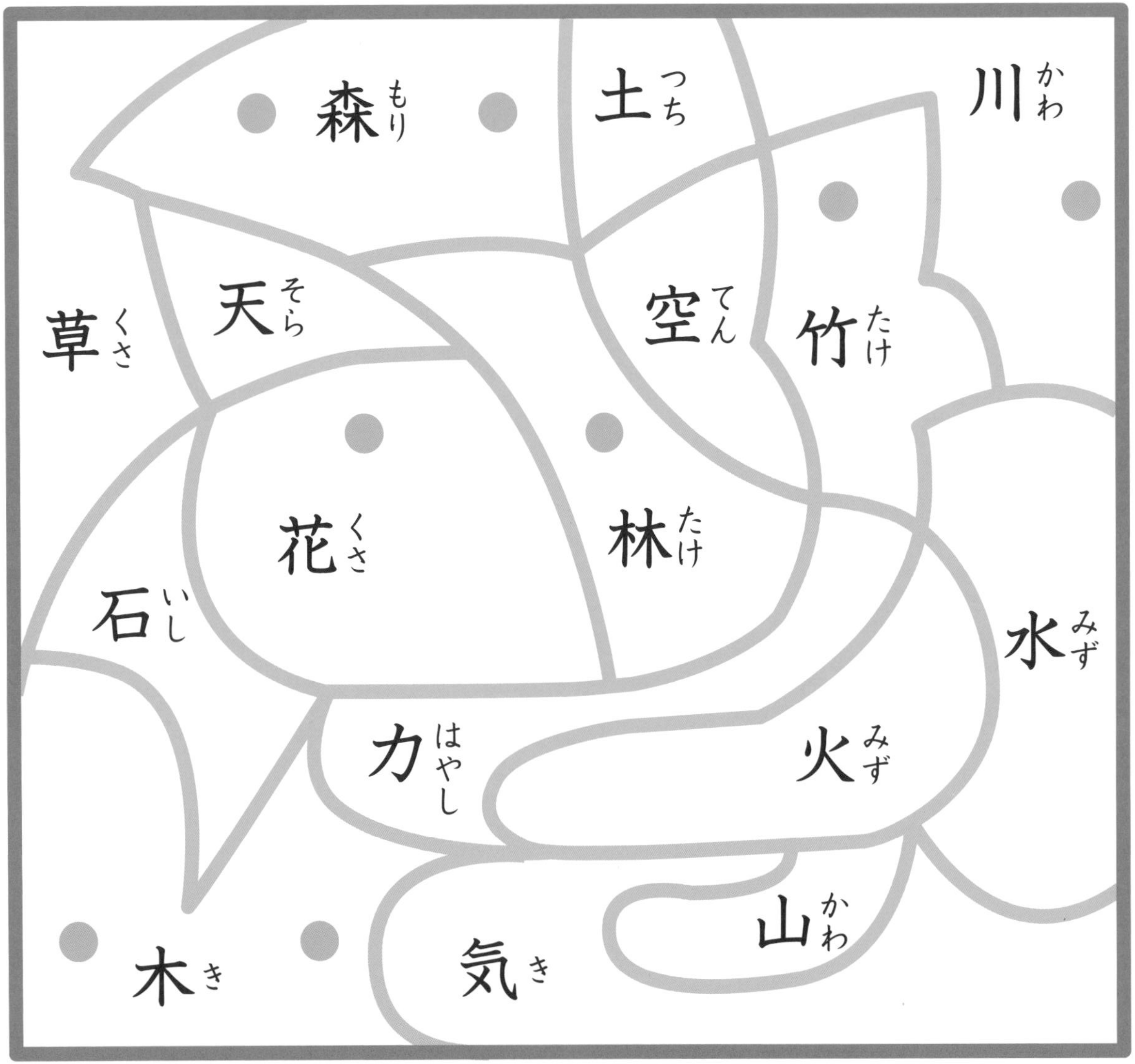

□がつ□にち

川（かわ）　森（もり）　土（つち）　竹（たけ）　空（てん）　天（そら）　草（くさ）　花（くさ）　林（たけ）　水（みず）　石（いし）　力（はやし）　火（みず）　山（かわ）　木（き）　気（き）

こたえは 78ページに あります。

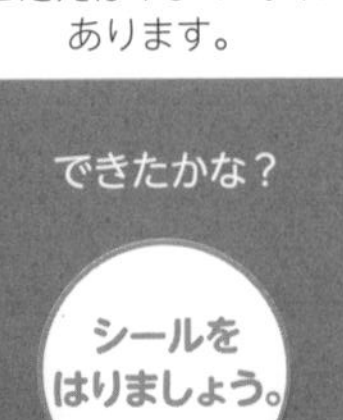

パズルで あそぼう。⑧

おやおや、ねこが
かんじを かくしちゃって いるよ。
ただしい かんじを かんせい させよう。

こまった
ねこたち
だニャ。

ふたつ
あわせると
「くうき」
だニャ。

ぜんぶ
できた
かニャ？

こたえは 79ページに
あります。

できたかな？

シールを
はりましょう。

がつ　にち

9 いろの かんじ

□に かんじを なぞった あと、かんじを かきましょう。

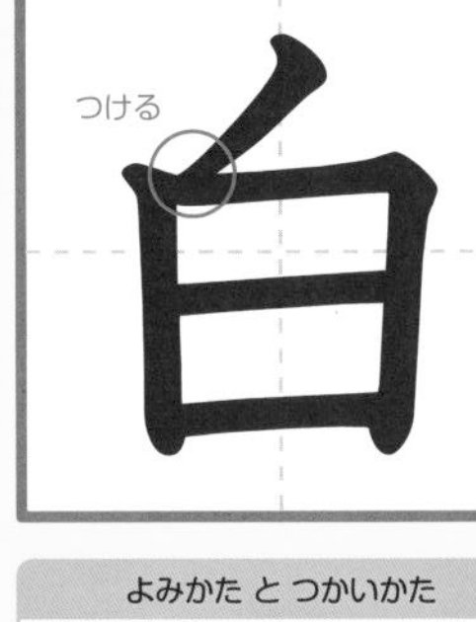

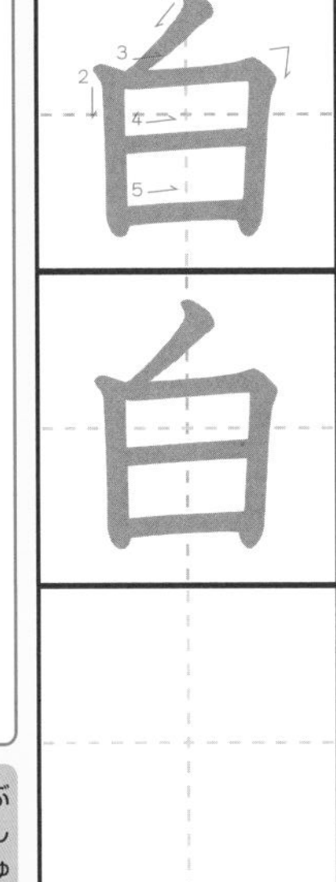

白 5かく
ノ ｲ 白 白 白

ぶしゅ 白（しろ）

よみかた と つかいかた

オン ハク （ビャク）
こう白 （白や）

くん しろ しら しろい
白うさぎ 白ゆき 白い ねこ

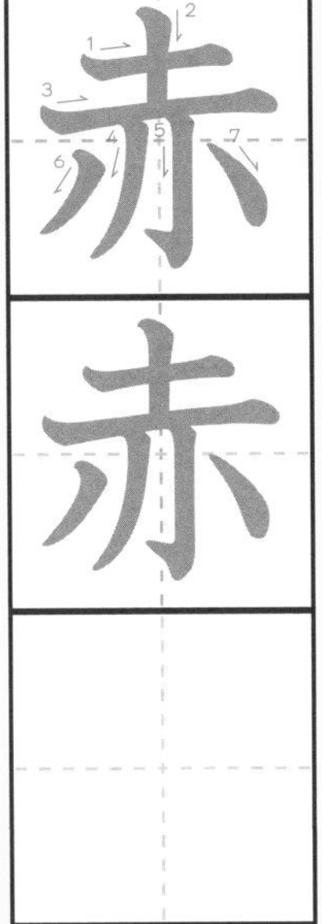

赤 7かく
一 十 土 ナ 方 亦 赤

ぶしゅ 赤（あか）

よみかた と つかいかた

オン セキ （シャク）
赤じゅうじ 赤どう （赤どう）

くん あか あかい あからむ あからめる
赤しんごう 赤い くるま 赤らめる

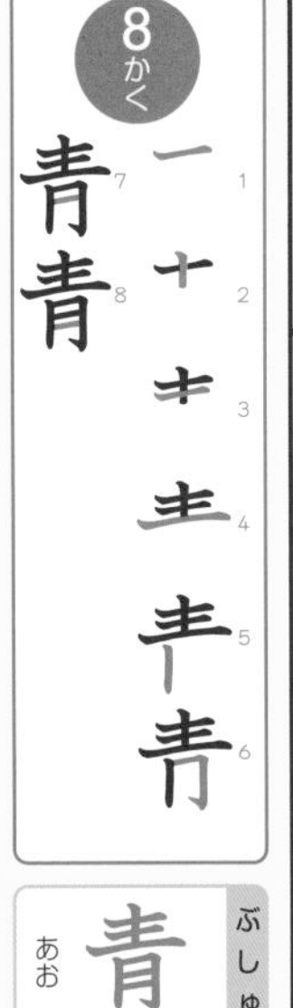

青 8かく
一 十 キ 主 声 青 青 青

ぶしゅ 青（あお）

よみかた と つかいかた

オン セイ （ショウ）
青しゅん （ぐん青）

くん あお あおい
青しんごう 青い うみ

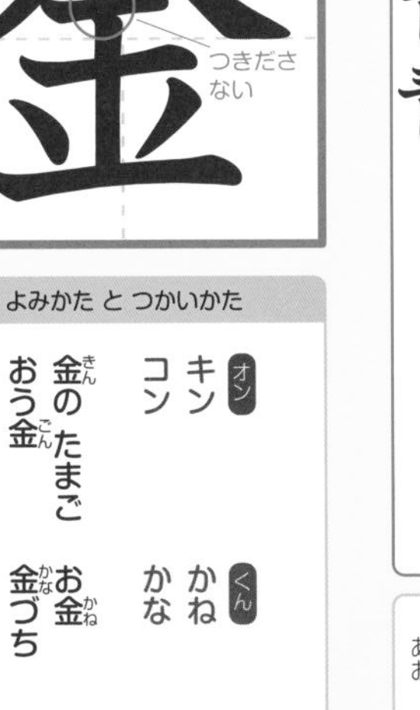

金 8かく
ノ 人 𠆢 今 今 全 余 金

ぶしゅ 金（かね）

よみかた と つかいかた

オン キン コン
金の たまご おう金

くん かね かな
お金 金づち

□がつ□にち

ピンクいろの かんじの よみがなを（　）に かきましょう。

1 赤い よろいが よく にあう。

2 金の かみかざり。

3 おいしゃさんは 白い ふく。

4 おそろいの 青い きもの。

ピンクいろの ひらがなの かんじを □に かきましょう。

5 てには あかい ひのまる。

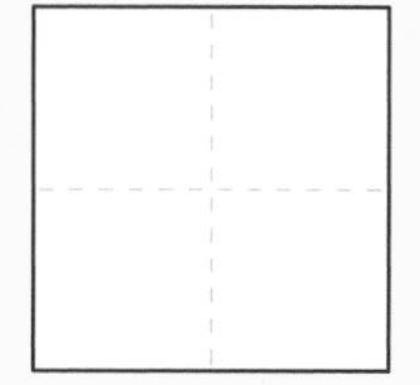

6 あおいのは ゆうれい？

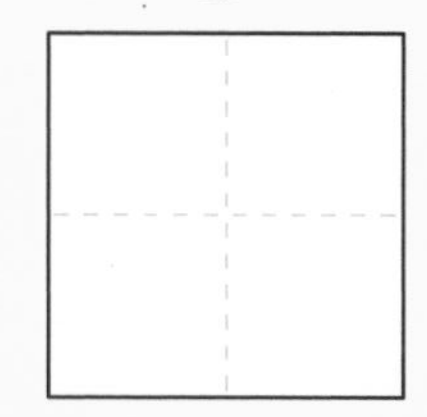

7 くろねこも はは しろい。

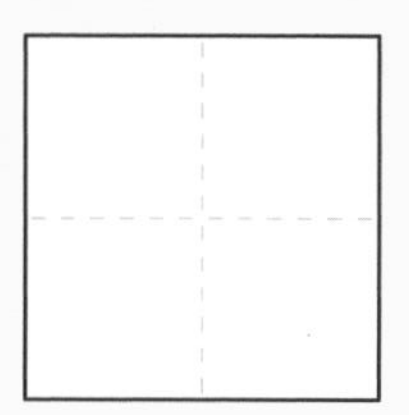

8 ひかって いるのは きんぱ。

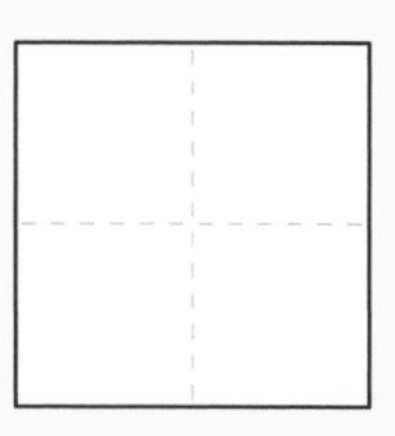

こたえは 79ページに ありま す。

8もんちゅう なんもん できたかな？

/8

シールを はりましょう。

10

ひとの かんじ

おとこの ひとや おんなのこ……。ひとの かんじニャ。

□がつ□にち

かんじを なぞった あと、□に かんじを かきましょう。

人

2かく ノ 人

ぶしゅ 人（ひと）

つける

よみかたと つかいかた

オン ジン ニン
うちゅう人（じん） 人（にん）げん

くん ひと
やさしい 人（ひと） 人（ひと）さしゆび

女

3かく く 女 女

ぶしゅ 女（おんな）

すこし つきだす
とめる

よみかたと つかいかた

オン ジョ （ニョ） （ニョウ）
だん女（じょ） （てん女（にょ）） （女（にょう）ぼう）

くん おんな （め）
女（おんな）のこ （女（め）がみ）

「く・ノ（の）・一（いち）」と かくと 「女（おんな）」に なるニャ。

男

7かく 丨 冂 冂 田 田 男 男

ぶしゅ 田（た）

つける
はねる

よみかたと つかいかた

オン ダン ナン
男（だん）し び男（なん）し

くん おとこ
男（おとこ）のこ ゆき男（おとこ）

「田（た）」で 「力（ちから）」を だすのが 「男（おとこ）」ニャ。

子

3かく ㇇ 了 子

ぶしゅ 子（こ）

はらう
すこし まげる

よみかたと つかいかた

オン シ ス
だん子（し） よう子（す）

くん こ
おんなの子（こ）

ピンクいろの かんじの よみがなを（ ）に かきましょう。

❶ がいこく人の メイドさん。

（　　　）

❷ 男のこが うまれたのニャ。

（　　　）

❸ うつくしい 女せい ニャ。

（　　　）

❹ ねこの 子は まるで てんし。

（　　　）

ピンクいろの ひらがなの かんじを □に かきましょう。

❺ たたかう おとこたちニャ。

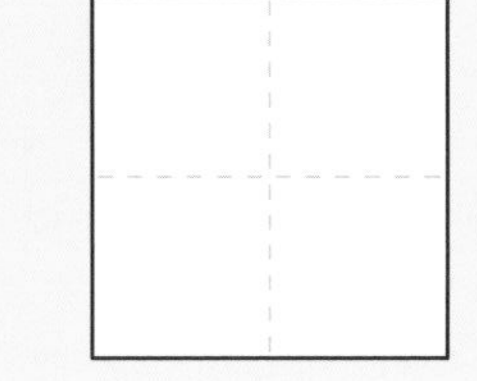

□□

❻ おどる じょせいたち。

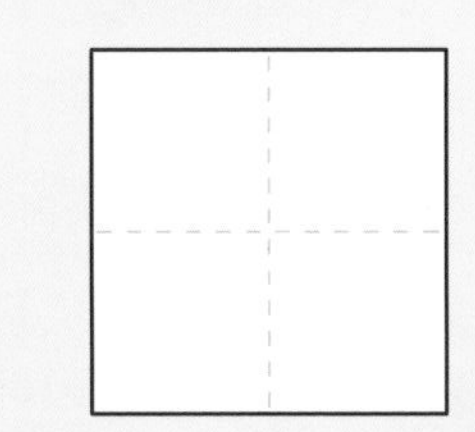

□□

❼「わかる ひと！」「はい！」

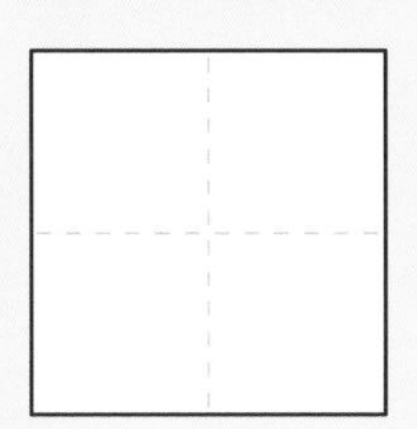

□□

❽ かわいい ねこの こ。

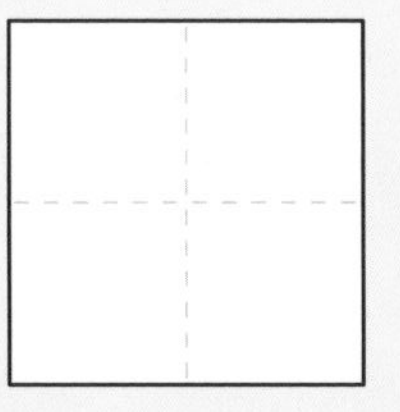

□□

こたえは 79ページに あります。

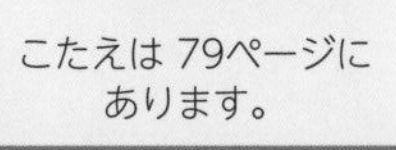

8もんちゅう
なんもん できたかな？

／8

11 からだの かんじ

かんじを なぞった あと、□に かんじを かきましょう。

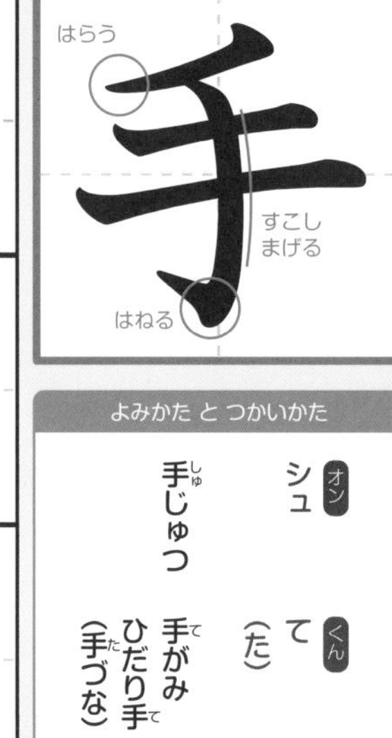

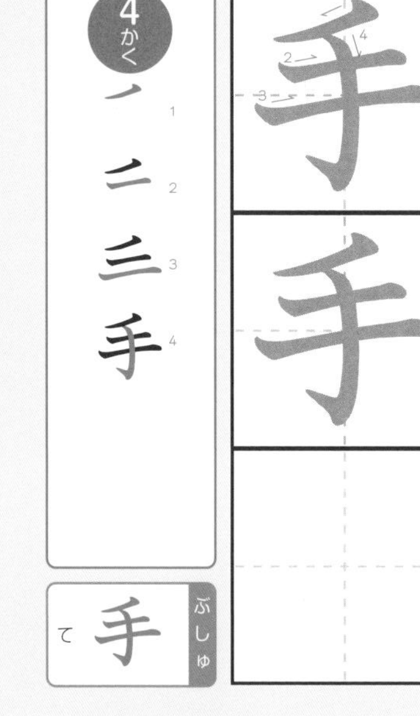

4かく
一 二 三 手

ぶしゅ 手（て）

よみかた と つかいかた

オン シュ
手じゅつ

くん て （た）
手がみ
ひだり手
（手づな）

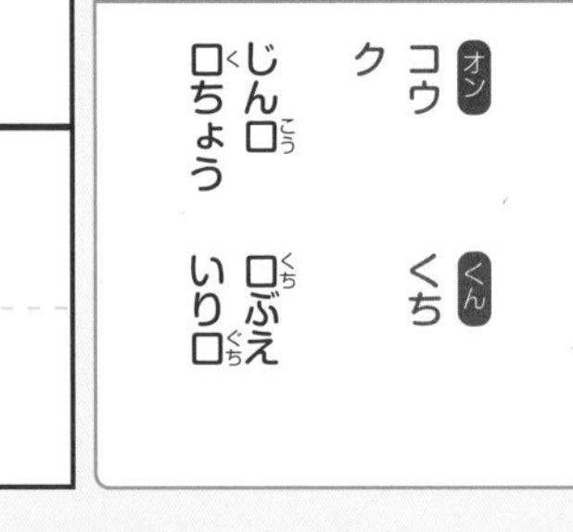

3かく
丨 ㄇ 口

ぶしゅ 口（くち）

よみかた と つかいかた

オン コウ ク
じん口
口ちょう

くん くち
口ぶえ
いり口

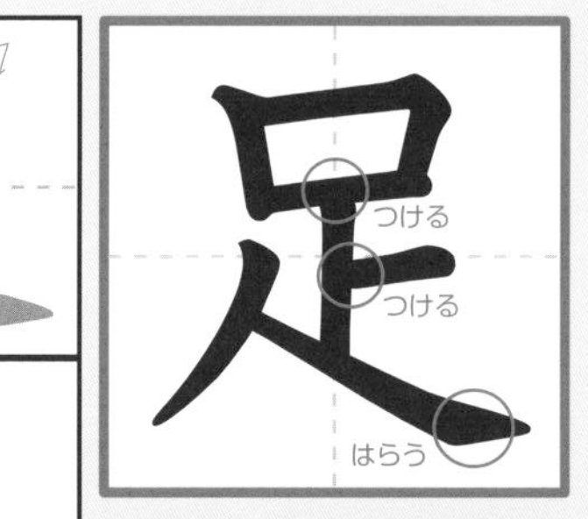

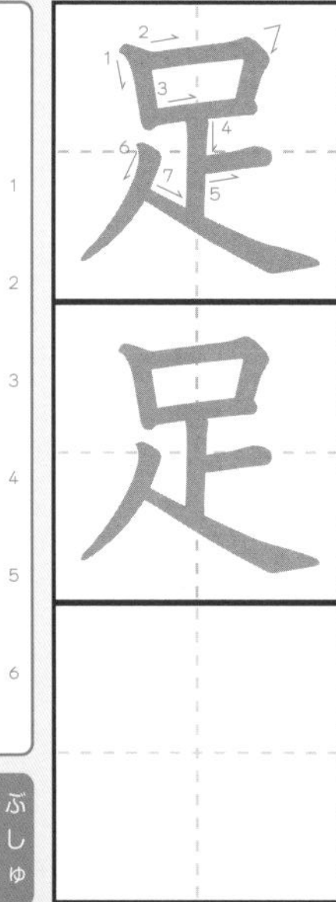

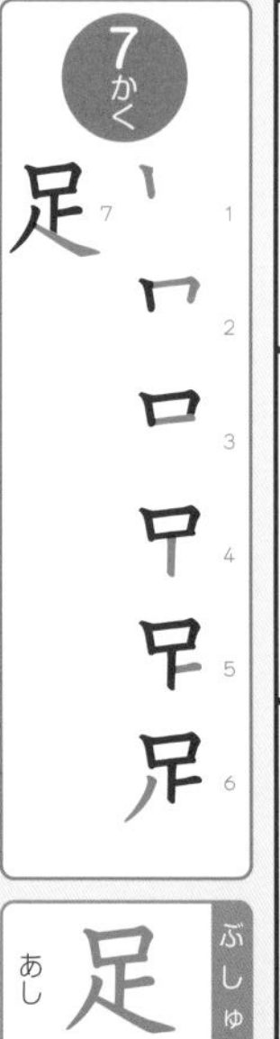

7かく
丨 ㄇ 口 ㄖ 早 𧾷 足

ぶしゅ 足（あし）

よみかた と つかいかた

オン ソク
しゅん足
えん足

くん あし たりる たる たす
足の うら
足りない
足らない
足しざん

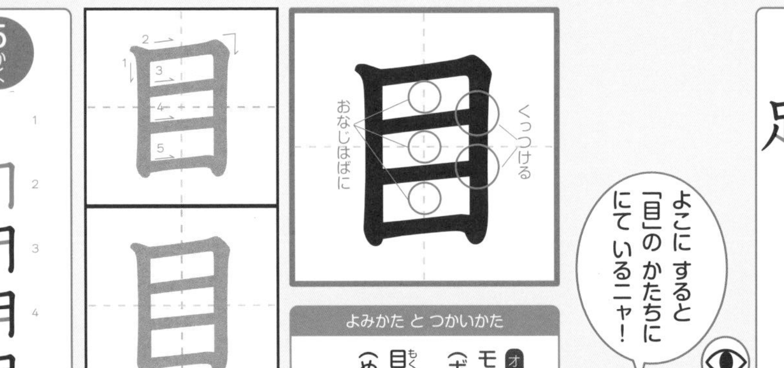

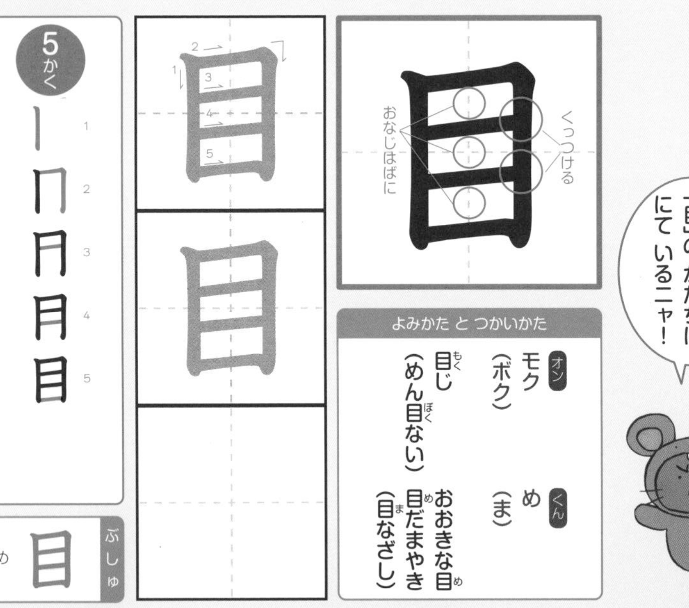

5かく
丨 ㄇ 月 月 目

ぶしゅ 目（め）

よみかた と つかいかた

オン モク （ボク）
目じ
（めん目ない）

くん め （ま）
おおきな目
目だまやき
（目なざし）

□がつ □にち

ピンクいろの かんじの よみがなを（　）に かきましょう。

❶ ねこの 口から きば にほん。

❷ 足が ふらふらニャ。

❸ キラキラの 目！

❹ 手に して いるのは うちわ。

ピンクいろの ひらがなの かんじを □に かきましょう。

❺ てがみを かいたの ニャ。

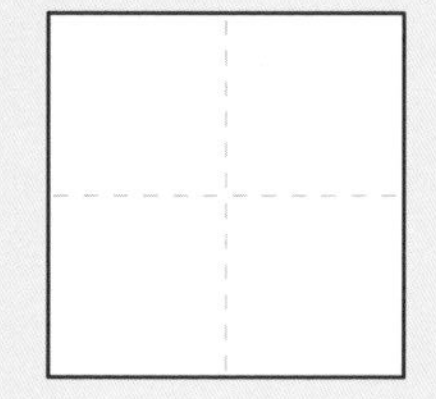

❻ ねこランドへ えんそく。

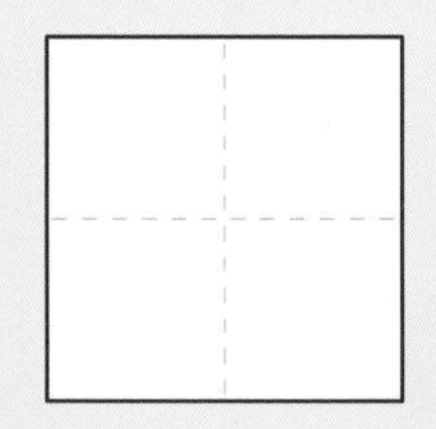

❼ じまんの おおきな くち。

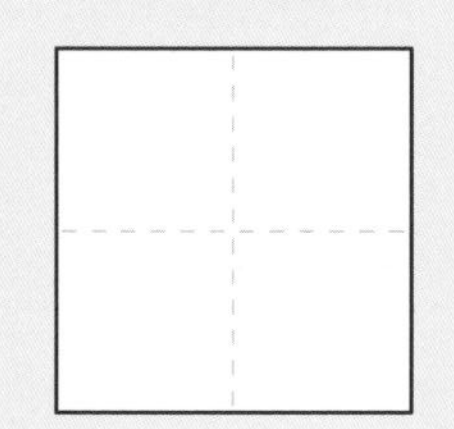

❽ ねこの めにも なみだ。

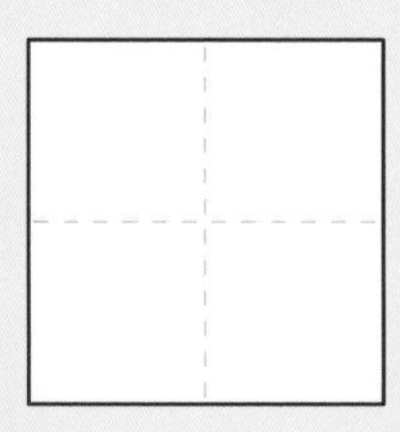

こたえは 79ページに
あります。

8もんちゅう
なんもん できたかな？

/8

シールを
はりましょう。

12 からだと せいぶつの かんじ

かんじを なぞった あと、□に かんじを かきましょう。

耳

おなじはばに　はらう

よみかた と つかいかた

オン　（ジ）
（耳(じ)びか）
（ちゅう耳(じ)えん）

くん　みみ
耳(みみ)せん
耳(みみ)かき

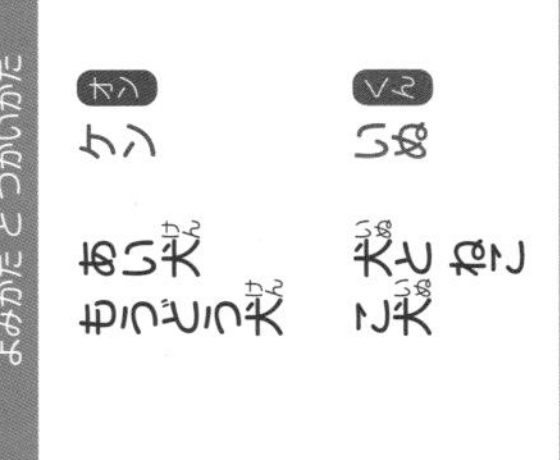

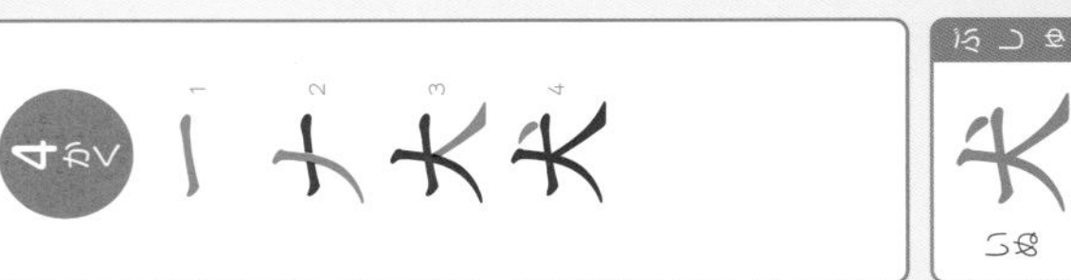

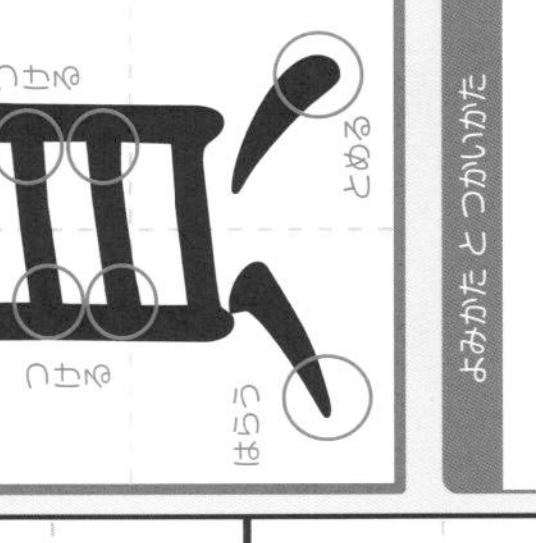

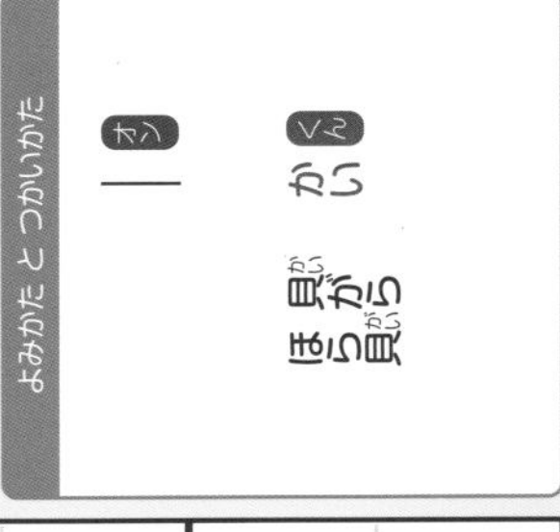

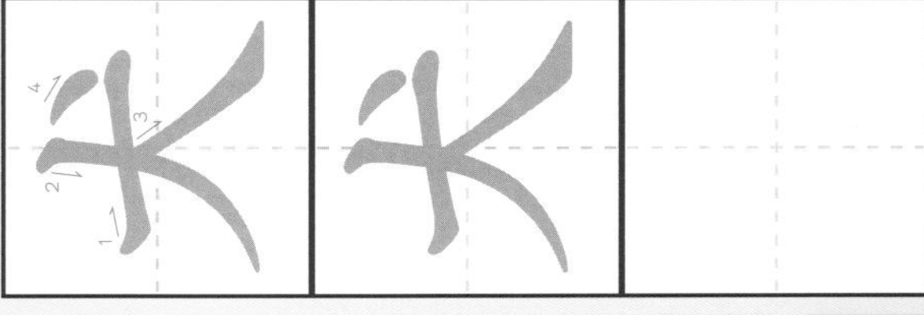

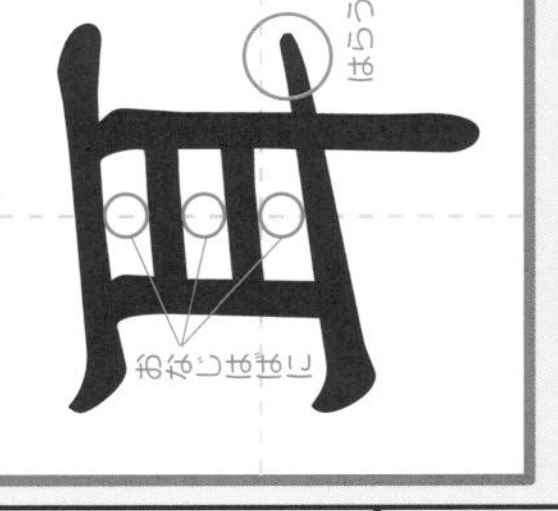

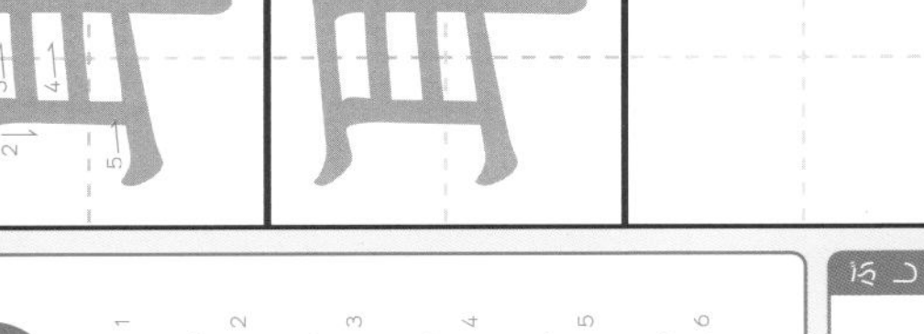

6かく　一 丅 F F 𤴓 耳

ぶしゅ　耳　みみ

虫

ななめに　とめる

よみかた と つかいかた

オン　チュウ
こん虫(ちゅう)
さっ虫(ちゅう)ざい

くん　むし
てんとう虫(むし)
虫(むし)ば

6かく　丨 口 口 中 虫 虫

ぶしゅ　虫　むし

犬

とめる

よみかた と つかいかた

オン　ケン
あい犬(けん)
もうどう犬(けん)

くん　いぬ
犬(いぬ)と ねこ
こ犬(いぬ)

4かく　一 ナ 大 犬

ぶしゅ　犬　いぬ

貝

つける　つける　はらう　とめる

よみかた と つかいかた

オン　—

くん　かい
貝(かい)がら
ほら貝(がい)

7かく　丨 冂 冂 月 目 目 貝

ぶしゅ　貝　こがい　かい

□がつ□にち

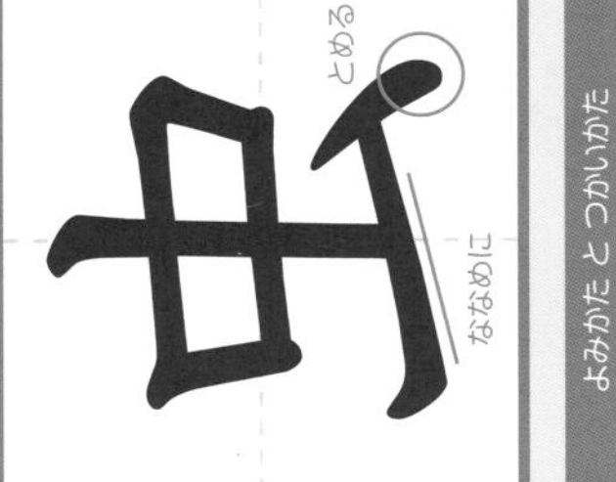

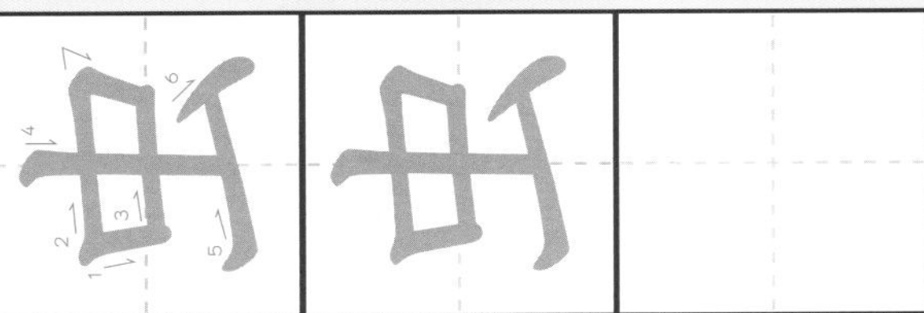

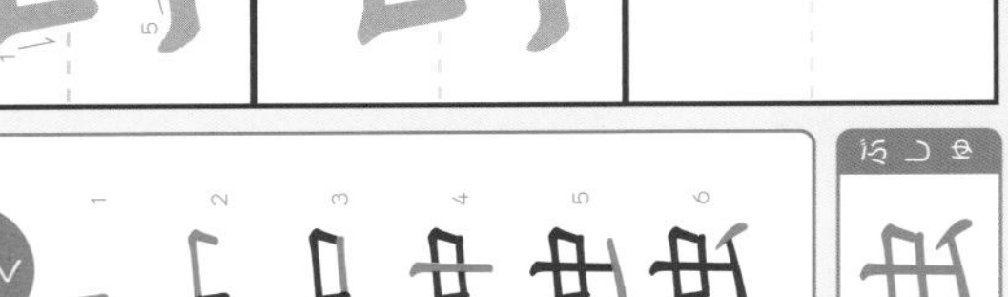

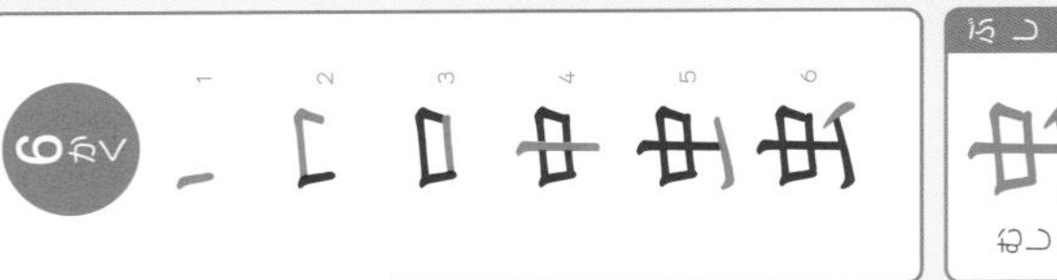

ピンクいろの かんじの よみがなを（　）に かきましょう。

❶ 耳かきを しましょう。

（　　　）

❷ ねこにも 虫ばは ある。

（　　　）

❸ なぜ 貝がらから とらが？

（　　　）

❹ 犬は こわいのニャ〜。

（　　　）

ピンクいろの ひらがなの かんじを □に かきましょう。

❺ いぬを つれた ねこ！

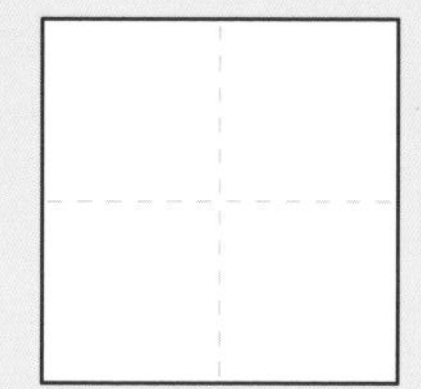

❻ むしを とりに いこう。

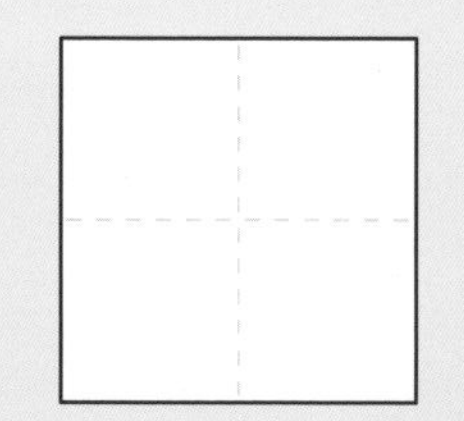

❼ かいの みそしる できたよ。

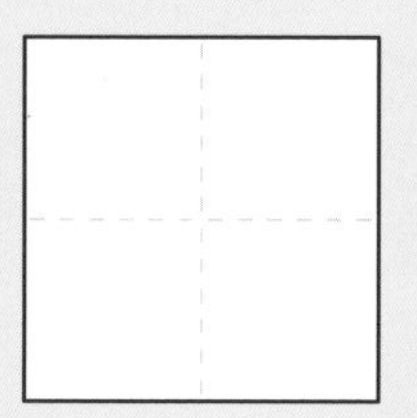

❽ ねこに みみたぶは ない。

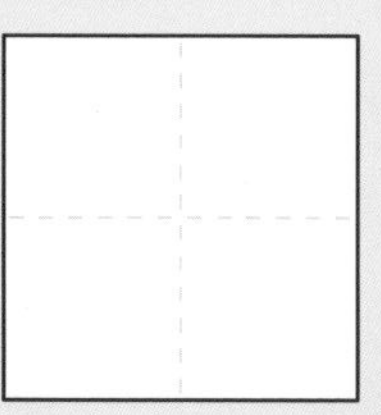

こたえは 79ページに
あります。

8 もんちゅう
なんもん できたかな？

／8

シールを
はりましょう。

かくにんテスト③

□がつ□にち

ピンクいろの かんじの よみがなを（ ）に かきましょう。

1 かぶと虫とは おともだちニャ。（　　）

2 ゆうやけぞらが 赤くて きれい。（　　）

3 人げんって おおきいニャ〜。（　　）

4 ねこに お金は いらないのニャ。（　　）

5 あの 白ねこは だれかニャ？（　　）

6 青い えのぐで そらを かくニャ。（　　）

7 あさから 耳が かゆいニャ。（　　）

8 もうどう犬が あるいて いる。（　　）

9 サッカーが すきな 男のこ。（　　）

10 いり口に いるのは だれ？（　　）

ピンクいろの ひらがなの かんじを □に かきましょう。

11 しんじゅの はいった かい。

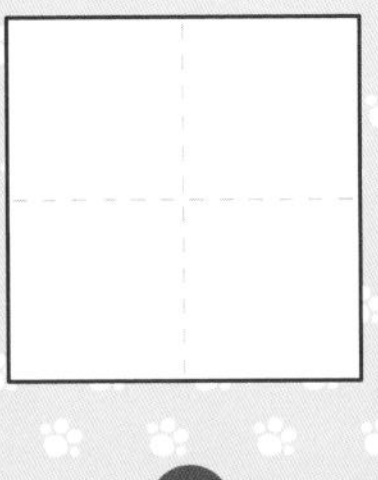

12 みぎめに ごみが はいったニャ。

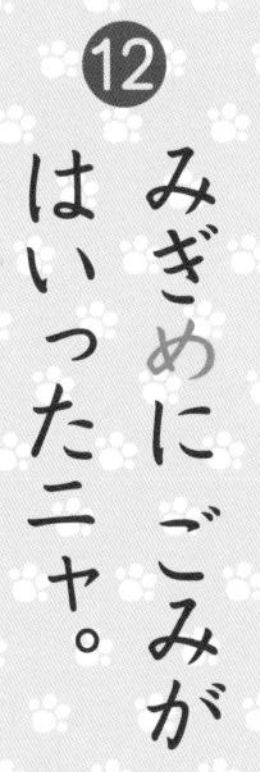

13 あかい さかなが すきニャ！

14 おんなのこが うまれたのニャ。

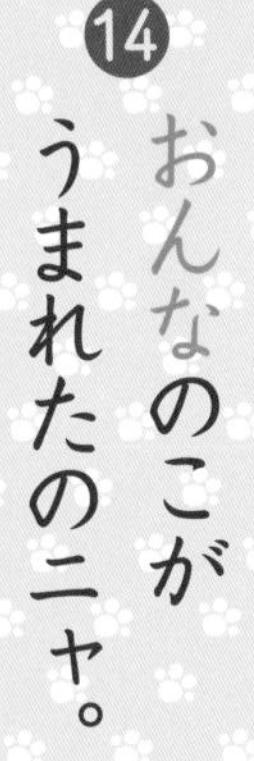

⑮ まえあしで さかなが とれた。

⑯ だんじょで がっしょう。

⑰ えさの はいった きんいろの かん。

⑱ むしめがねで みて みよう！

⑲ あおぞらの したで おにごっこ。

⑳ りょうてで マタタビを もつ。

□の かんじの かくすうを（　）に かきましょう。

㉑ 人（　）

㉒ 女（　）

㉓ 手（　）

㉔ 犬（　）

㉕ 耳（　）

㉖ 虫（　）

㉗ 貝（　）

㉘ 男（　）

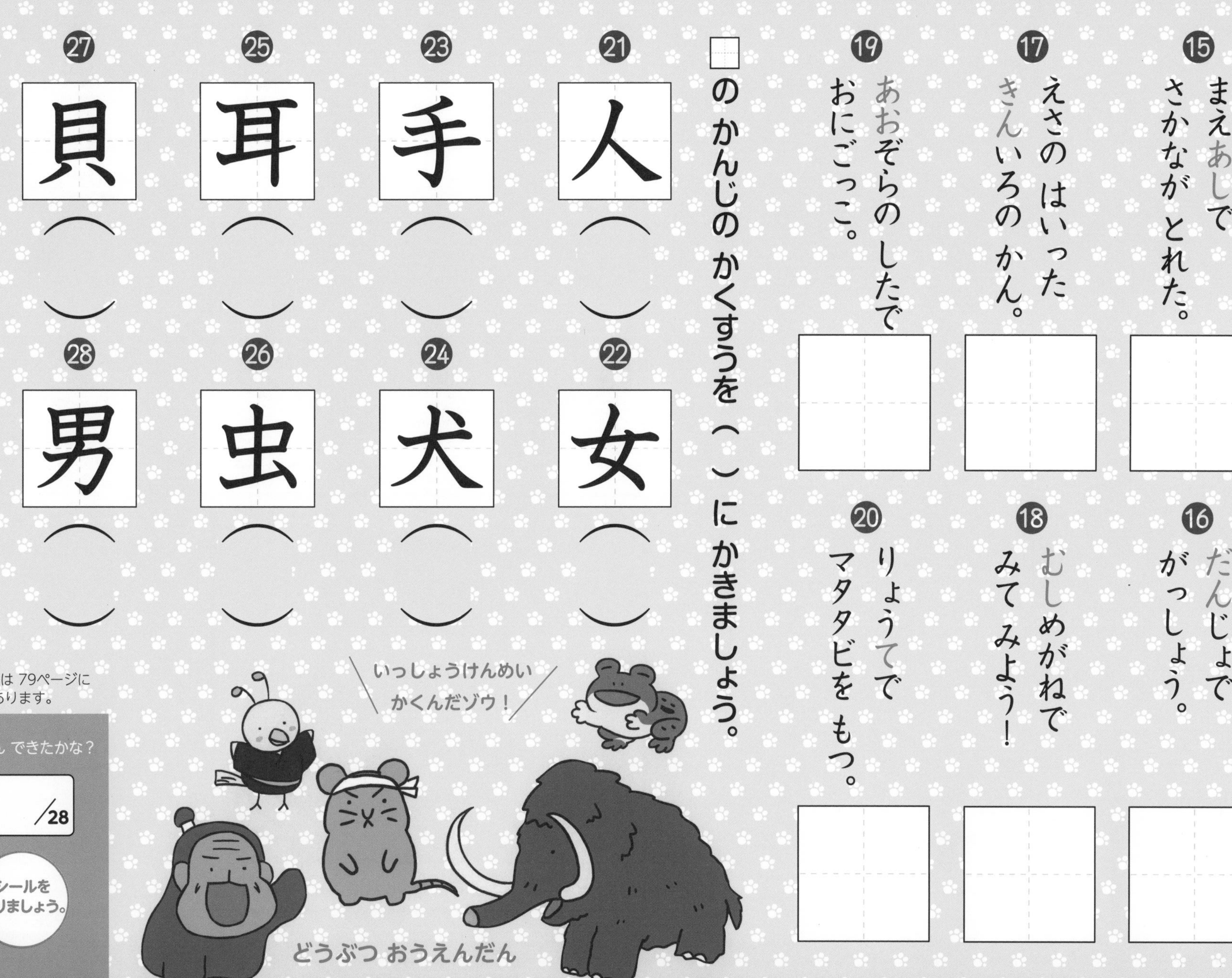

こたえは 79ページに
あります。

なんもん できたかな？

/28

シールを
はりましょう。

パズルで あそぼう。⑨

□がつ□にち

うえの えと したの えでは
ちがって いる ところが ４つ あるよ。
〈こたえ〉の □に かんじを かいて
ちがって いる ところを おしえてね。

〈こたえ〉

① ちゃいろい いぬが □い いぬに なった。

② ねこの □が おおきく なっちゃった。

③ ねこの まるい □が ほそながく なった。

④ おなかの おびが □い いろに なった。

こたえは 79ページに
あります。

できたかな？

シールを
はりましょう。

かんじに あった えの ある みちを
とおって ゴールまで すすもう。
とおった みちを いろで ぬってね。
ただしい みちは どれかな？

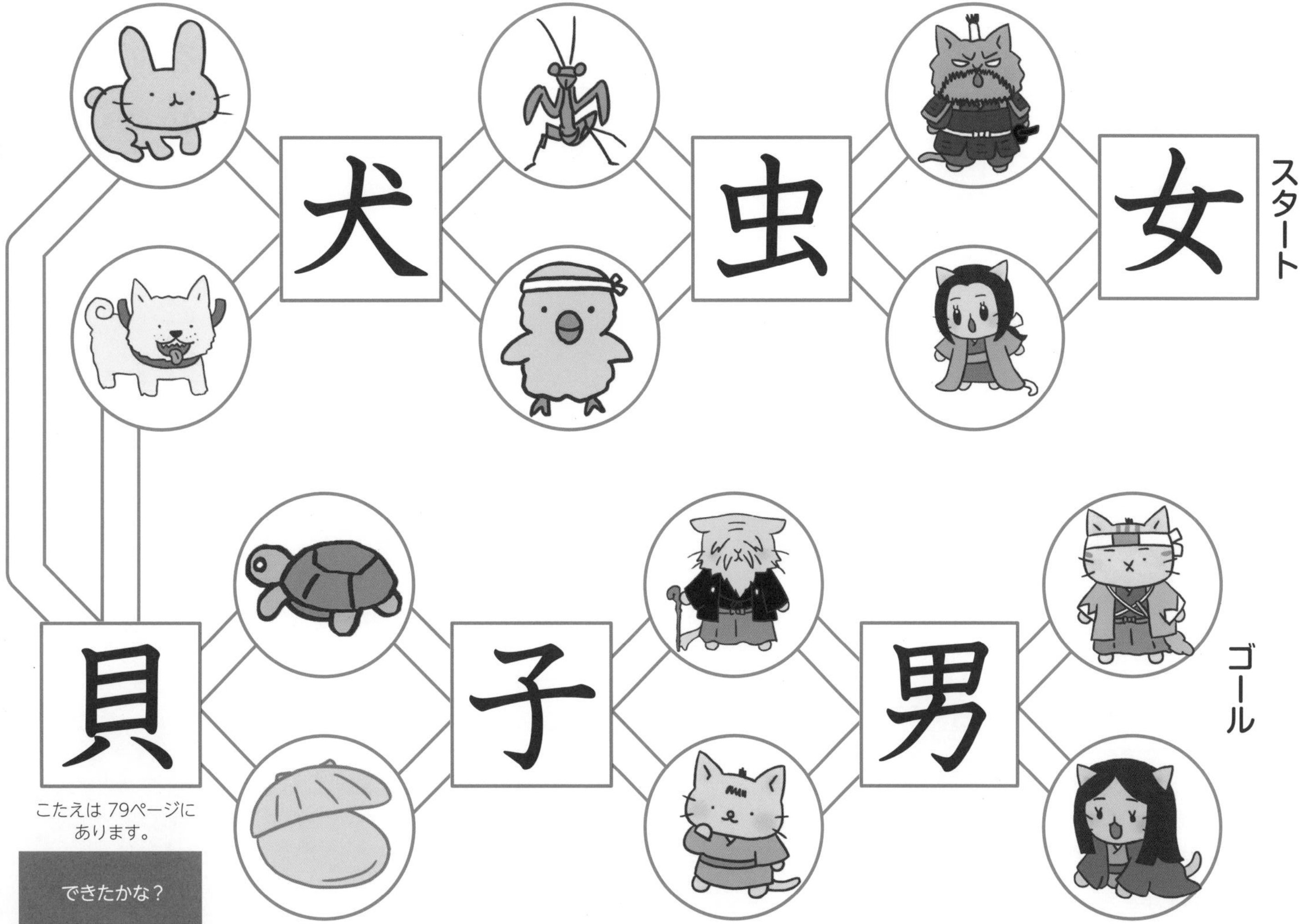

□がつ□にち

スタート

女

虫

犬

貝

子

男

ゴール

こたえは 79ページに
あります。

できたかな？

シールを
はりましょう。

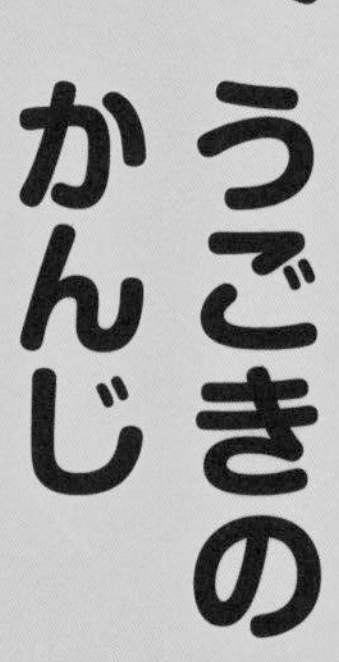

13 うごきの かんじ

かんじを なぞった あと、
□に かんじを かきましょう。

□がつ□にち

入

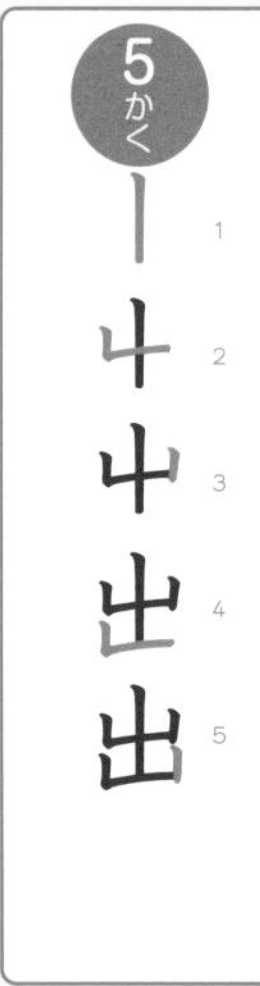

2かく
ノ 入

ぶしゅ 入（いる）

よみかた と つかいかた

オン ニュウ
入学式（にゅうがくしき）
入場（にゅうじょう）

くん いる　いれる　はいる
入り口（いりぐち）
入れもの（いれもの）
こやに 入る（はいる）

立

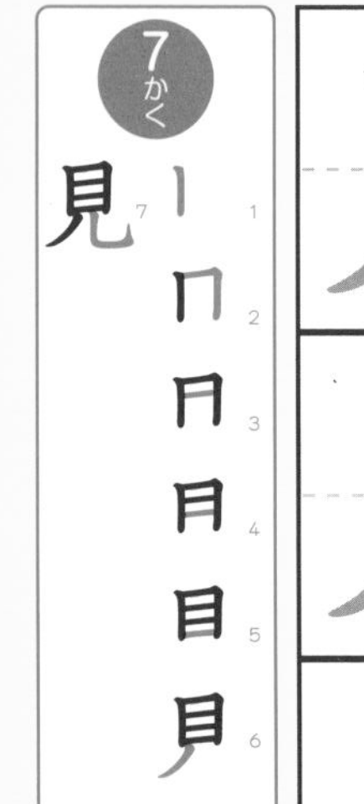

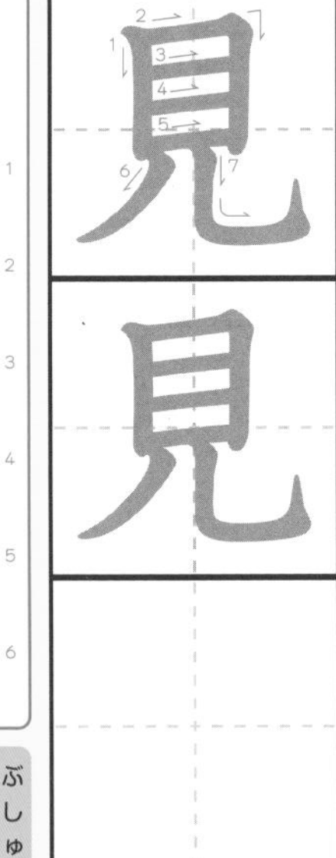

5かく
丶 亠 亣 立 立

ぶしゅ 立（たつ）

よみかた と つかいかた

オン リツ　（リュウ）
起立（きりつ）
私立（しりつ）
（建立）（こんりゅう）

くん たつ　たてる
せきを 立つ（たつ）
うで立てふせ（うでたてふせ）

出

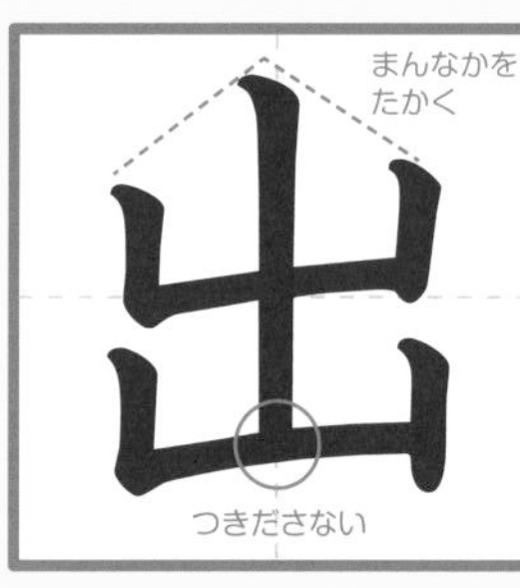

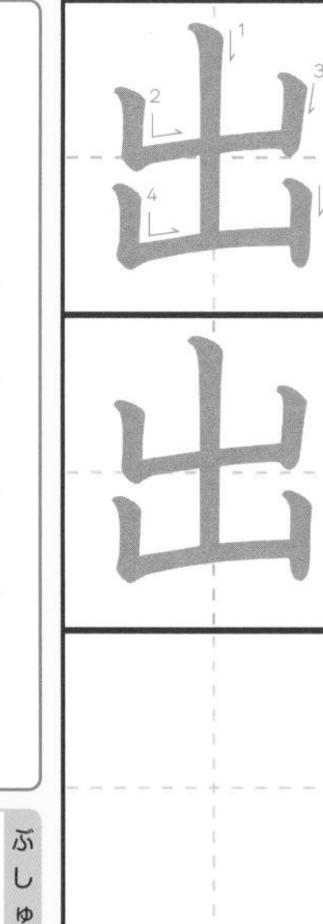

5かく
丨 凵 屮 出 出

ぶしゅ 凵（うけばこ）

よみかた と つかいかた

オン シュツ　（スイ）
外出（がいしゅつ）
出席（しゅっせき）
（出納）（すいとう）

くん でる　だす
出口（でぐち）
したを 出す（だす）

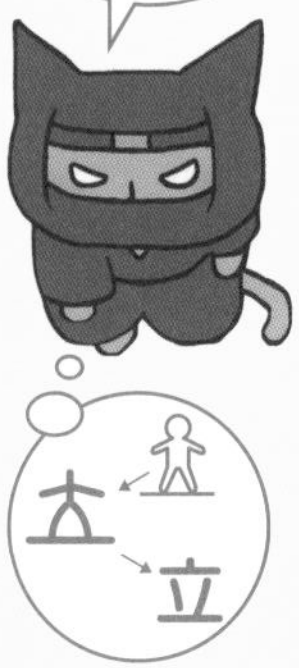

見

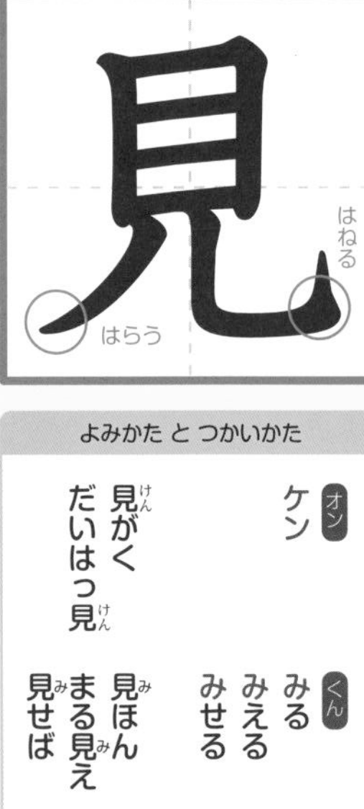

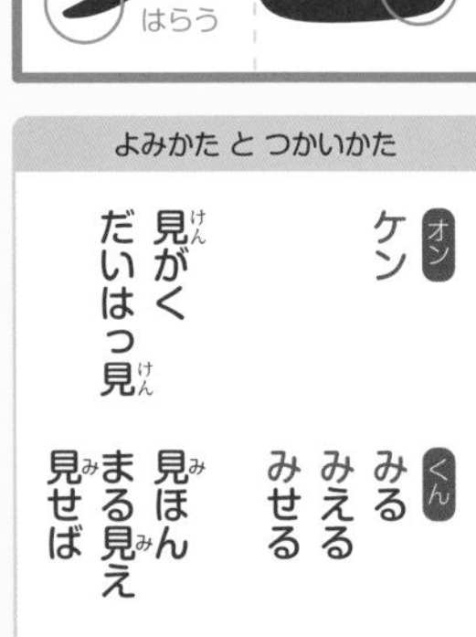

7かく
丨 冂 月 目 目 貝 見

ぶしゅ 見（みる）

よみかた と つかいかた

オン ケン
見学（けんがく）
大発見（だいはっけん）

くん みる　みえる　みせる
見本（みほん）
まる見え（まるみえ）
見せば（みせば）

オレンジいろの かんじの よみがなを（　）に かきましょう。

❶ かわった 入れものだニャ。
（　　）

❷ おばけが 出た〜。
（　　）

❸ おめんしても 見えるよ。
（　　）

❹ 「き立！」「れい！」
（　　）

オレンジいろの ひらがなの かんじを □ に かきましょう。

❺ たからものを てに いれた。

❻ いざ しゅっぱつニャ！

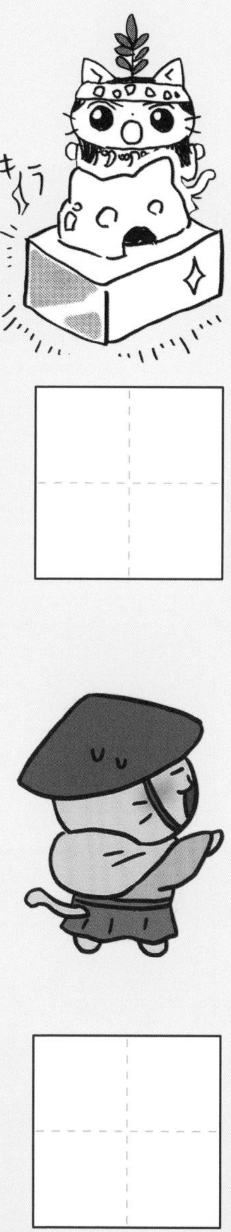

❼ おしゃれを したの。 みて。

❽ ねこだけど たてるニャ。

こたえは 79ページに
あります。

8もんちゅう
なんもん できたかな？

／8

シールを
はりましょう。

14 てんきの かんじ

かんじを なぞった あと、□に かんじを かきましょう。

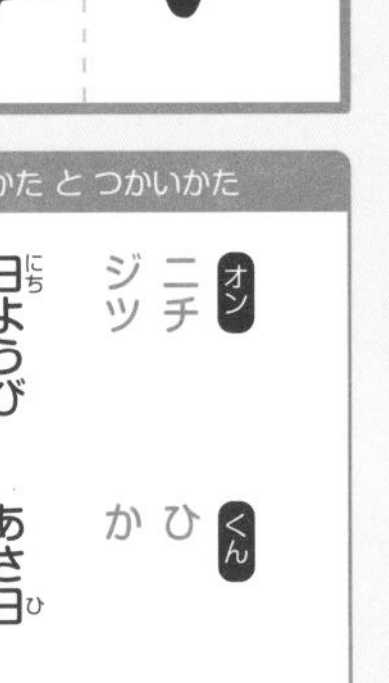

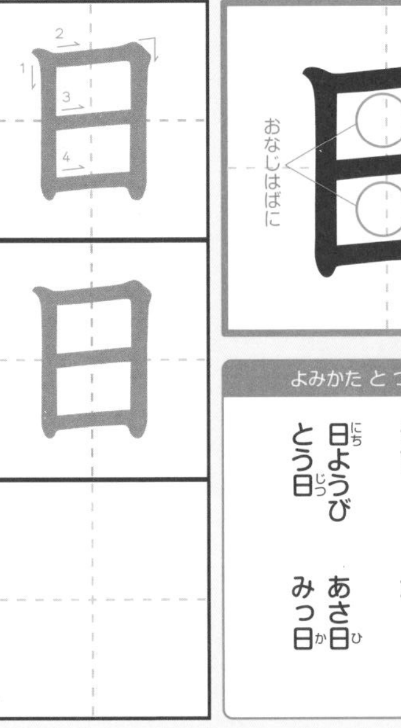

4かく 丨 冂 日 日

ぶしゅ 日 にち ひ

よみかた と つかいかた

オン ニチ ジツ　日よう日(にちようび)　とう日(じつ)

くん ひ か　あさ日(ひ)　みっ日(か)

4かく 丿 冂 月 月

ぶしゅ 月 つき

よみかた と つかいかた

オン ゲツ ガツ　月(げつ)ようび　いち月(がつ)

くん つき　お月(つき)み　月(つき)が でた

8かく 一 丆 币 币 雨 雨 雨 雨

ぶしゅ 雨 あめ

よみかた と つかいかた

オン ウ　ばい雨(う)　雨りょう

くん あめ あま　雨(あめ)の ひ　雨(あま)がさ

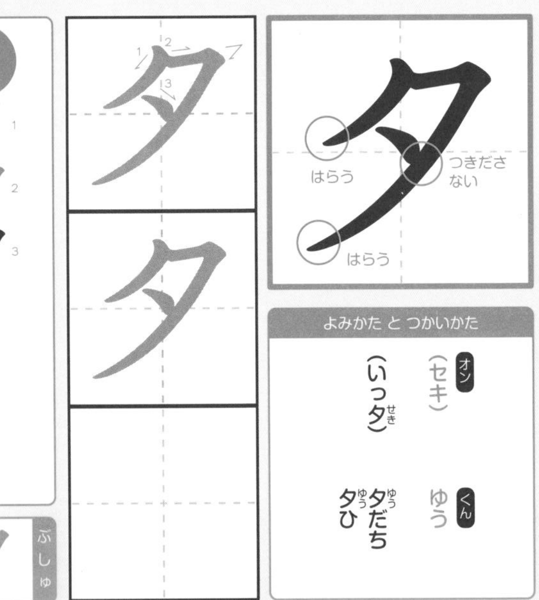

3かく ノ ク 夕

ぶしゅ 夕 ゆうべ ゆうた

よみかた と つかいかた

オン (セキ)　(いっ夕(せき))

くん ゆう　夕(ゆう)だち　夕(ゆう)ひ

□がつ □にち

オレンジいろの かんじの よみがなを（ ）に かきましょう。

❶ ねこは まい日が にちよう。（　　）

❷ タやけを えに かこう！（　　）

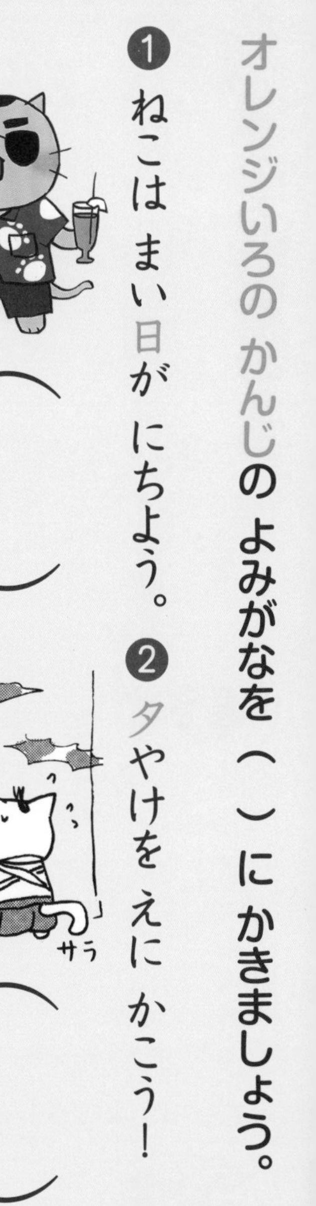

❸ 雨を ふらすのニャ！（　　）

❹ かぶとに おおきな 月が！（　　）

オレンジいろの ひらがなの かんじを □に かきましょう。

❺ げつようからりょこうだ。□

❻ ねこ ごひきで あまやどり。□

❼ にほんいちの ねこに なる。□

❽ ゆうだちだ。 かみなりだ。□

こたえは 79ページに
あります。

8もんちゅう
なんもん できたかな？
／8

シールを
はりましょう。

15 まちや むらの かんじ

がつ　にち

かんじを なぞった あと、□に かんじを かきましょう。

町

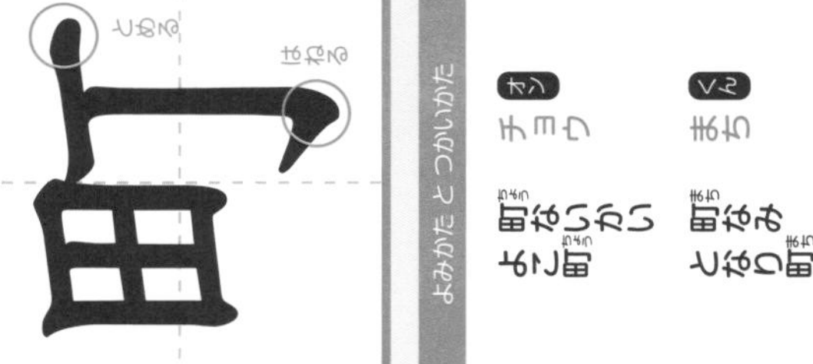

よみかたと つかいかた

オン　チョウ　町ないかい　よこ町

くん　まち　町なみ　となり町

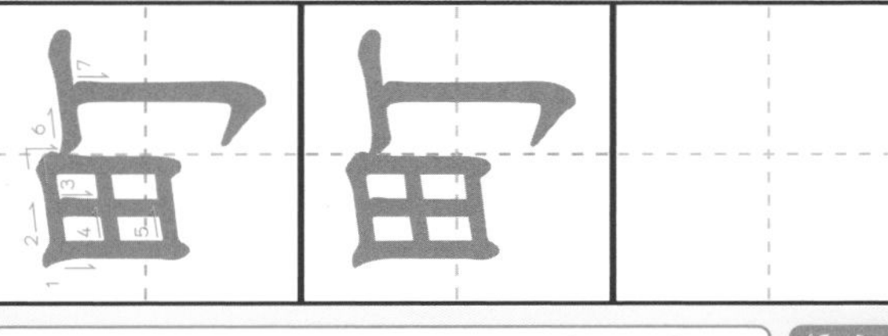

7かく　ぶしゅ　たへん

村

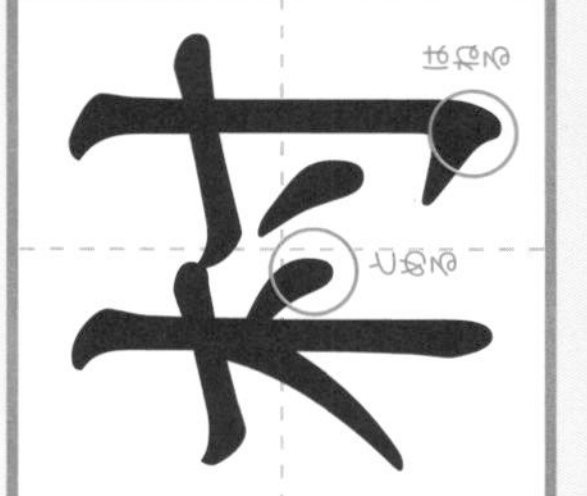

よみかたと つかいかた

オン　ソン　村ちょう　のう村

くん　むら　村まつり　村びと

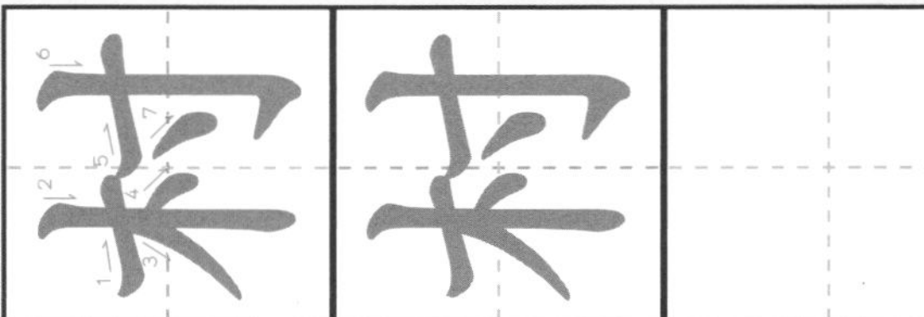

7かく　ぶしゅ　きへん

車

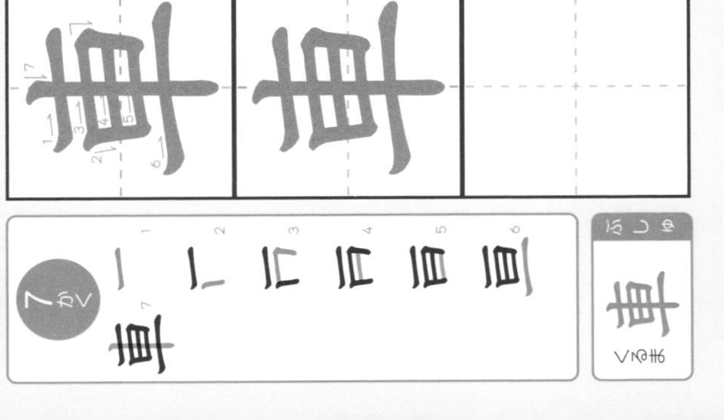

よみかたと つかいかた

オン　シャ　じどう車　でん車

くん　くるま　車いす　あおい車

7かく　ぶしゅ　くるま

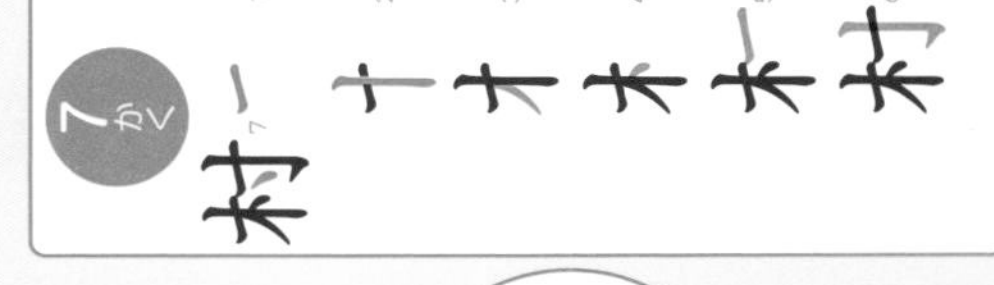

田

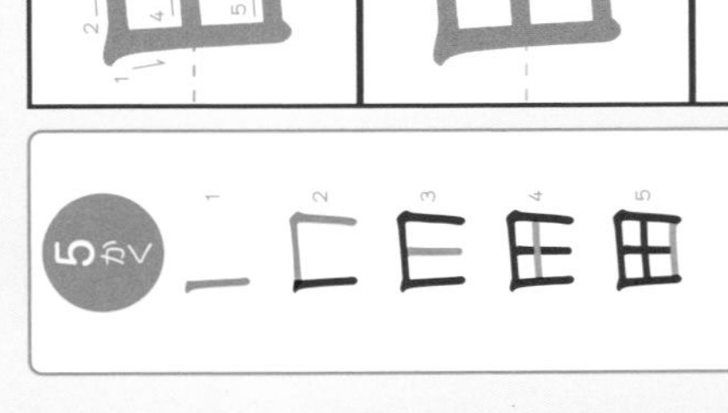

よみかたと つかいかた

オン　デン　田えん

くん　た　田んぼ　田うえ

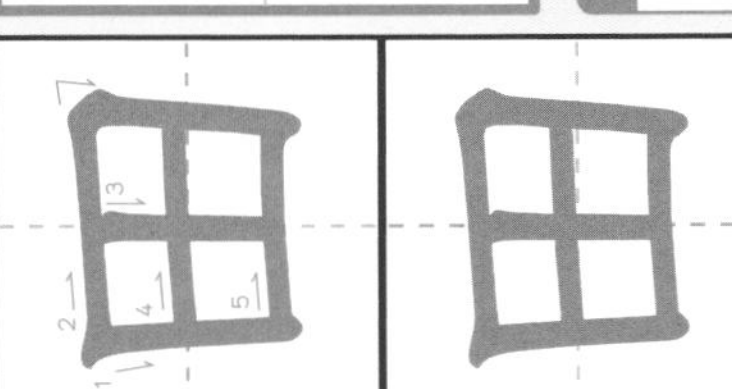

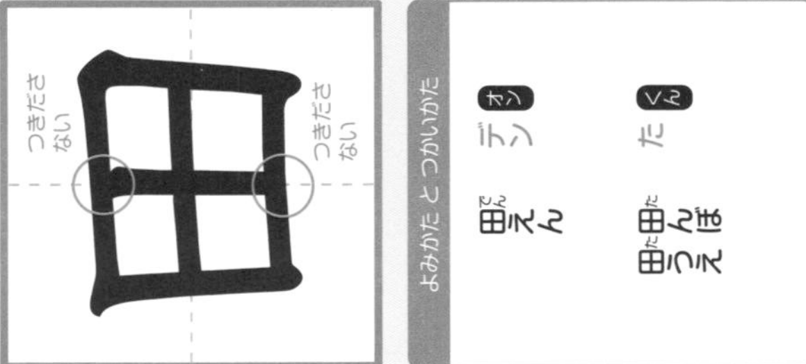

5かく　ぶしゅ　た

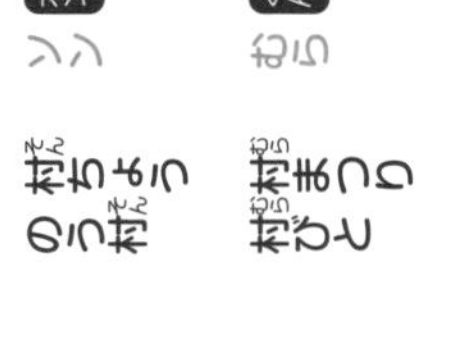

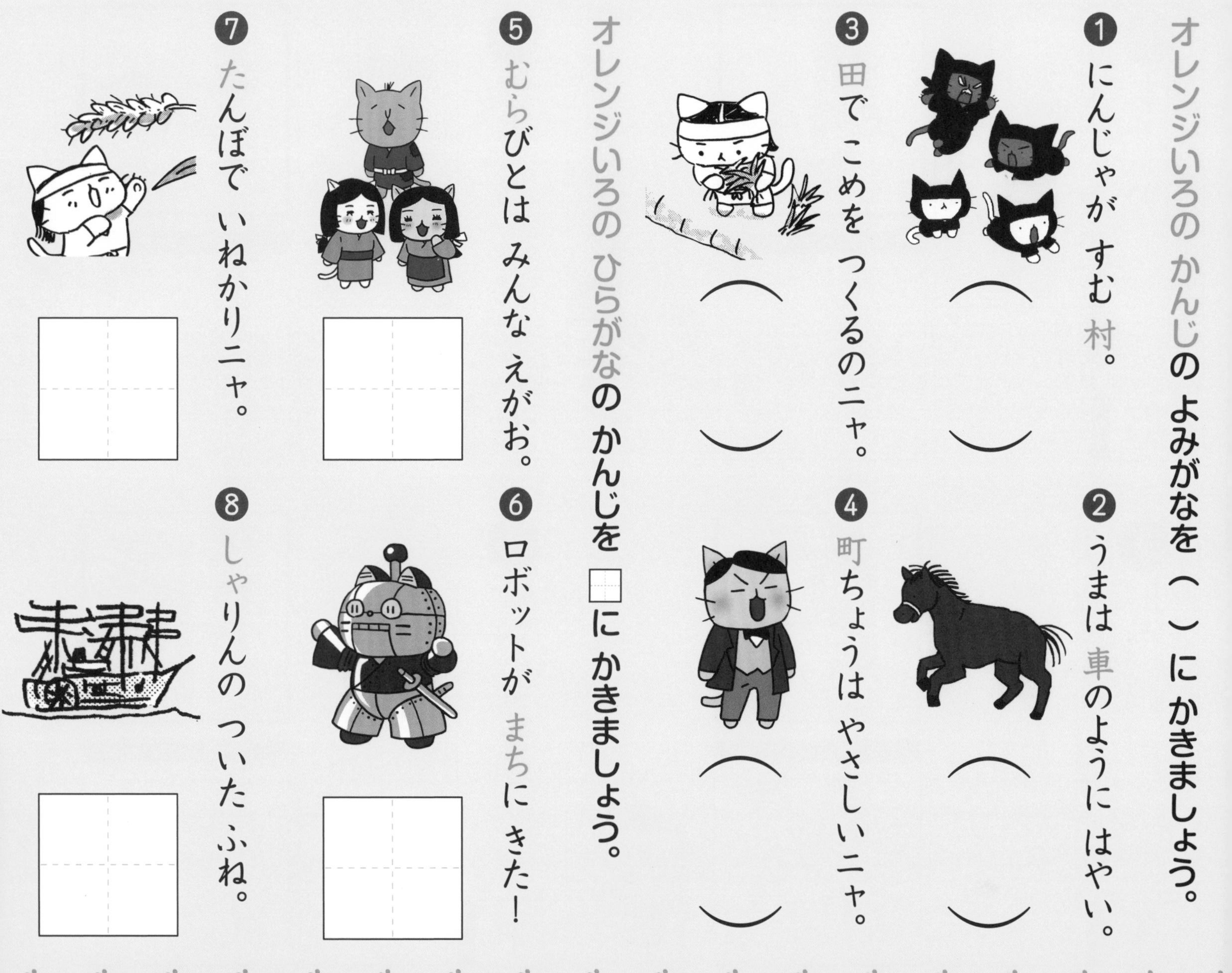

オレンジいろの かんじの よみがなを（ ）に かきましょう。

❶ にんじゃが すむ 村。（　　）

❷ うまは 車のように はやい。（　　）

❸ 田で こめを つくるのニャ。（　　）

❹ 町ちょうは やさしいニャ。（　　）

オレンジいろの ひらがなの かんじを □に かきましょう。

❺ むらびとは みんな えがお。

❻ ロボットが まちに きた！

❼ たんぼで いねかりニャ。

❽ しゃりんの ついた ふね。

こたえは 80ページに あります。

8もんちゅう なんもん できたかな？

/8

シールを はりましょう。

16 おおきさや かたちの かんじ

かんじを なぞった あと、
□に かんじを かきましょう。

□がつ□にち

大（3かく）

一　ナ　大

ぶしゅ：大（だい）

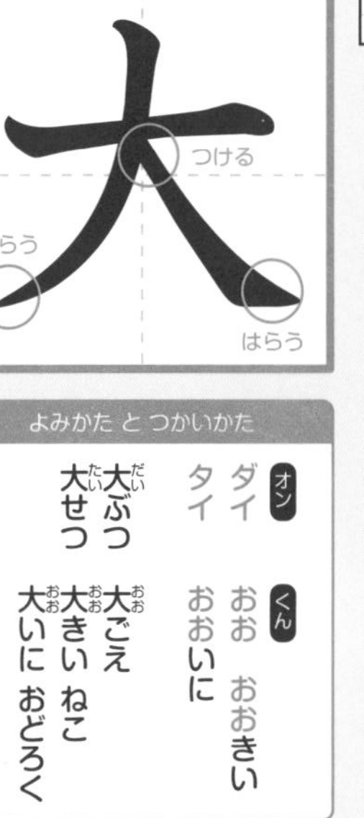

よみかた と つかいかた

オン：ダイ　タイ
大(だい)ぶつ　大(たい)せつ

くん：おお　おおいに　おおきい
大(おお)ごえ　大(おお)きい ねこ　大(おお)いに おどろく

中（4かく）

丨　冂　口　中

ぶしゅ：丨（ぼう）

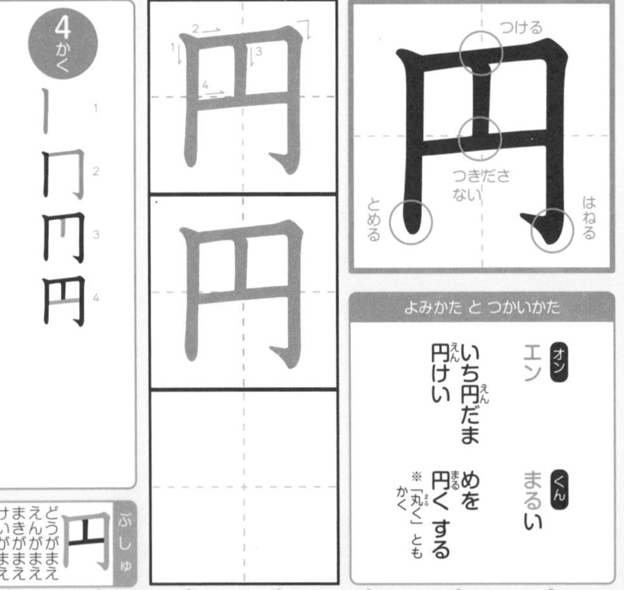

よみかた と つかいかた

オン：チュウ　ジュウ
中(ちゅう)とはんぱ　いちにち中(じゅう)

くん：なか
こやの 中(なか)　中(なか)ゆび

小（3かく）

亅　小　小

ぶしゅ：小（しょう ちいさい）

よみかた と つかいかた

オン：ショウ
だいちゅう小(しょう)　小(しょう)がっこう

くん：ちいさい　こ　お
小(ちい)さい ねこ　小(こ)いし　小(お)がわ

円（4かく）

丨　冂　冂　円

ぶしゅ：冂（どうがまえ えんがまえ まきがまえ けいがまえ）

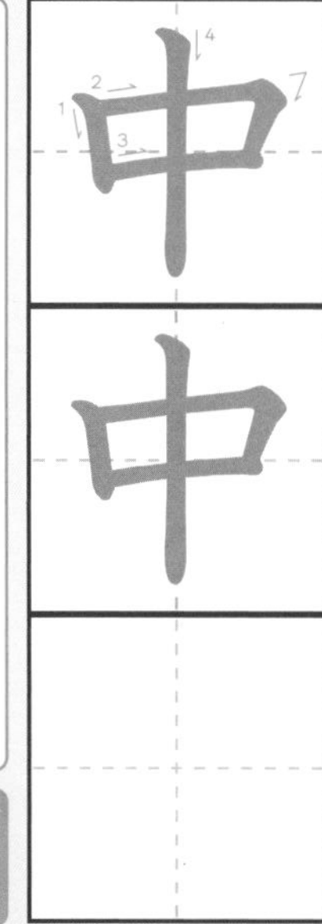

よみかた と つかいかた

オン：エン
いち円(えん)だま　円(えん)けい

くん：まるい
めを 円(まる)く する
※「丸く」とも かく

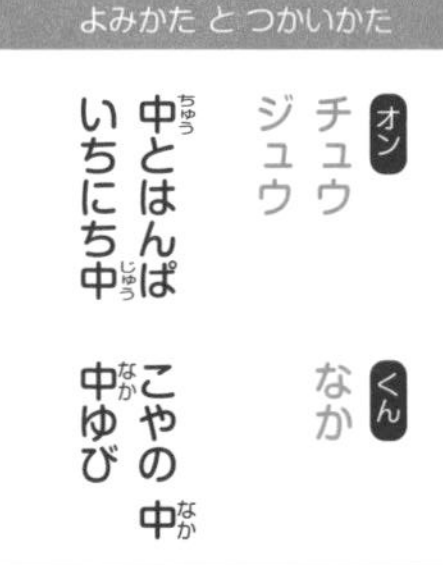

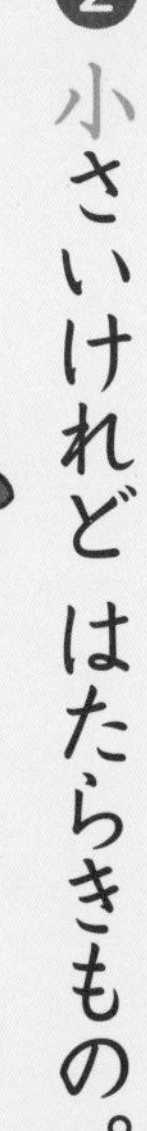

オレンジいろの かんじの よみがなを （　） に かきましょう。

❶ きょ大な つのの しか。

❷ 小さいけれど はたらきもの。

❸ 中ごくの ねこニャ！

❹ ご円だまの かぶとかニャ？

オレンジいろの ひらがなの かんじを □ に かきましょう。

❺ はこの なかは なにかニャ。

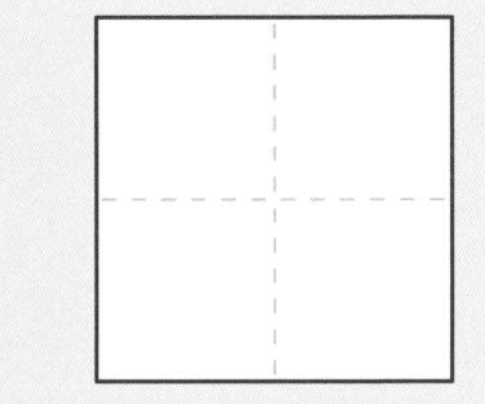

❻ カメより ちいさな ねこ。

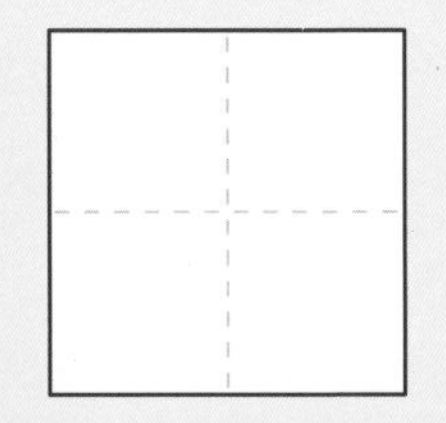

❼ いぬより おおきな ねこ！

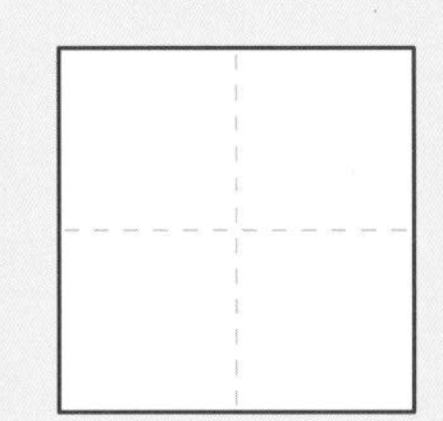

❽ なぜ ねこが えんけいに？

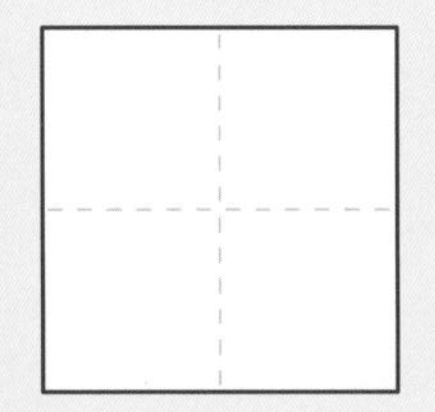

こたえは 80ページに
あります。

8もんちゅう
なんもん できたかな？

／8

シールを
はりましょう。

□がつ□にち

オレンジいろの かんじの よみがなを（　）に かきましょう。

❶ 雨が ふって きたニャ。（　　）

❷ どうろには 車が いっぱいニャ。（　　）

❸ ご円だまには あなが ある。（　　）

❹ 大きな いぬが いるニャ〜。（　　）

❺ 田んぼで あそんじゃ ダメ。（　　）

❻ 入じょうもんに ならぶのニャ。（　　）

❼ 夕やけが きれいだニャ。（　　）

❽ にほんあしで 立っている。（　　）

❾ 町には すてきな ねこばかり。（　　）

❿ きょうは 日ようびだニャ！（　　）

オレンジいろの ひらがなの かんじを □ に かきましょう。

⓫ いけんが ある ひと てを あげて！ □

⓬ ねこは つきよで めが みえる。 □

⓭ むらいちばんの ちからもちニャ。 □

⓮ えさの なかに むしが はいった。 □

⑮ ことしから しょうがくせい。

⑯ えんを かくのは むずかしい二ャ。

⑰ じてんしゃに のりたい二ャ。

⑱ どの しちょうそんにも ねこが いる。

⑲ さいきんは あめばかり。

⑳ あしたも いいひか二ャ。

□の かんじの かくすうを（ ）に かきましょう。

㉑ 入（ ）

㉒ 夕（ ）

㉓ 中（ ）

㉔ 円（ ）

㉕ 雨（ ）

㉖ 出（ ）

㉗ 見（ ）

㉘ 車（ ）

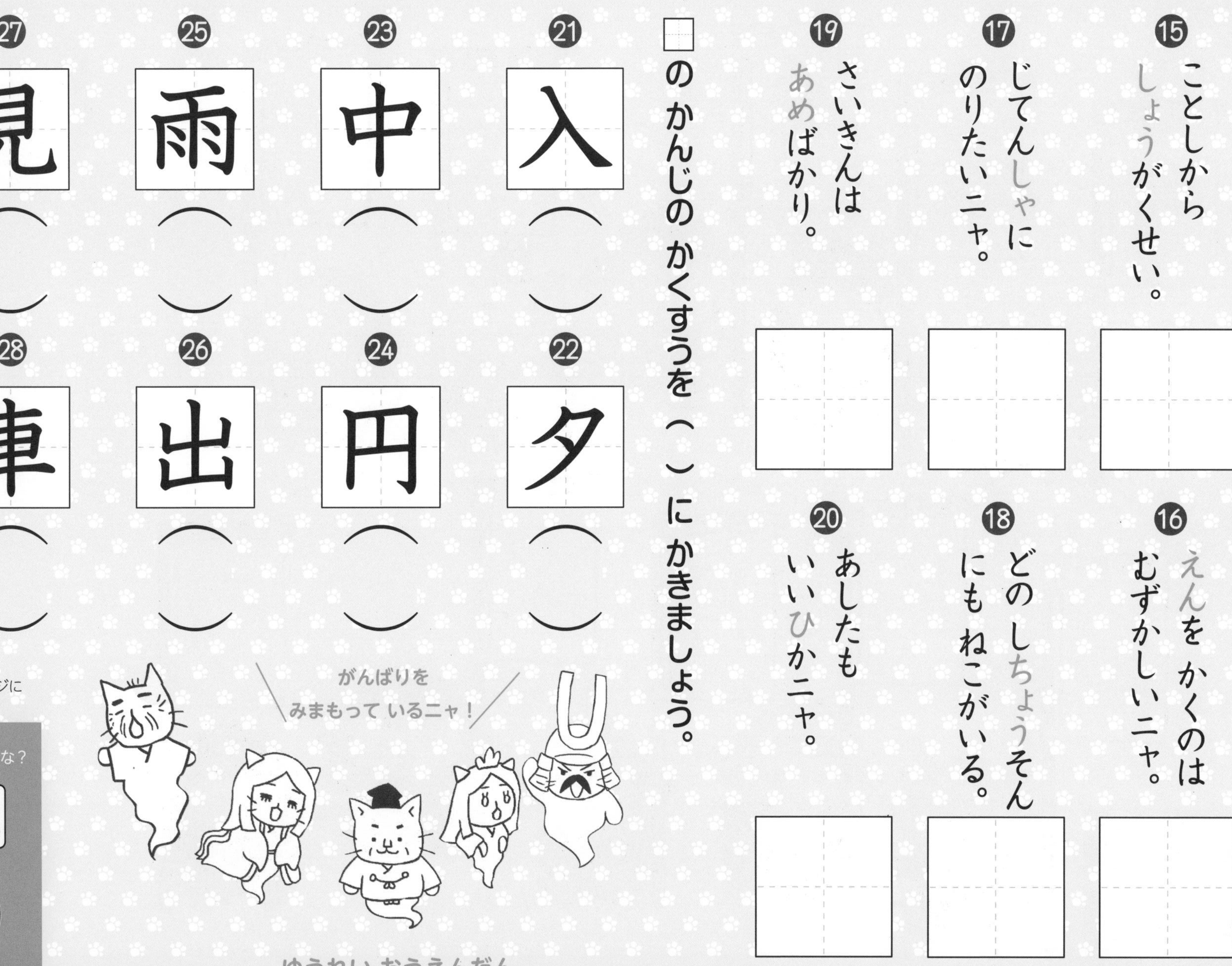

こたえは 80ページに
あります。

なんもん できたかな？

/28

シールを
はりましょう。

パズルで あそぼう。 ⑪

まちがった かんじの はたと
ただしい かんじの はたが あるぞ。
まちがった かんじの はたを みつけて、
ぬりつぶそう！

こたえは 80ページに あります。

できたかな？

シールを はりましょう。

□がつ □にち

パズルで あそぼう。⑫

かんじの ただしい よみかたを とおって ゴールまで たどりつこう！ ただしい とおりみちを いろで ぬってね。

□がつ□にち

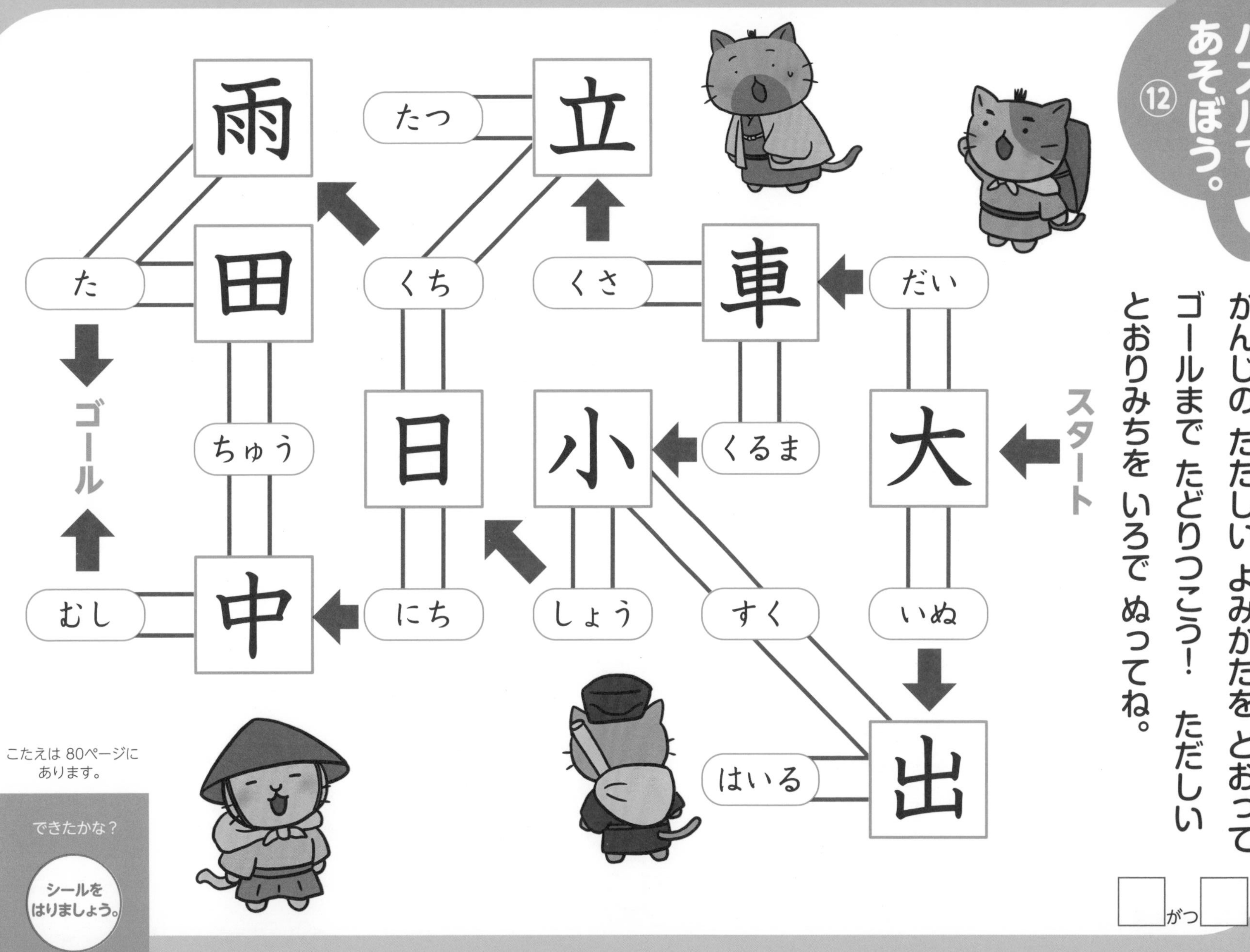

こたえは 80ページに あります。

できたかな？

シールを はりましょう。

パズルで あそぼう。⑬

ただしい かんじと かがみに うつった かんじが あるよ。
かがみに うつると みぎと ひだりが ぎゃくに なっちゃうのだ。
ただしい かんじの □に ○を つけてね。

□がつ□にち

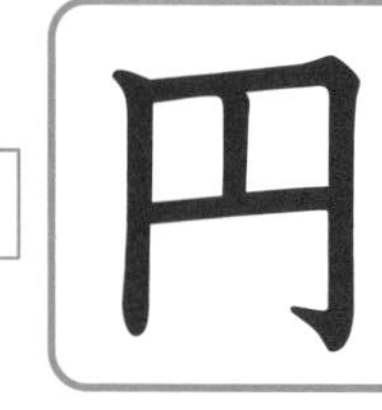

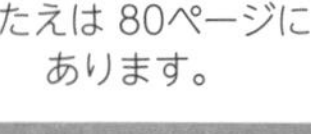

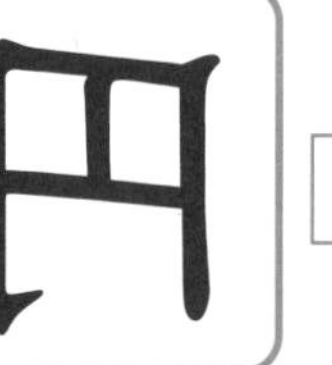
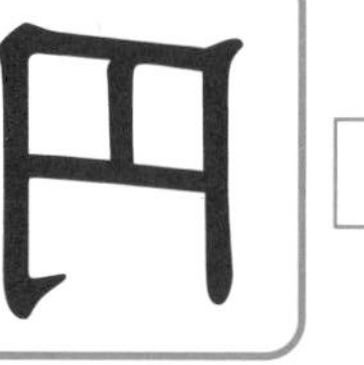
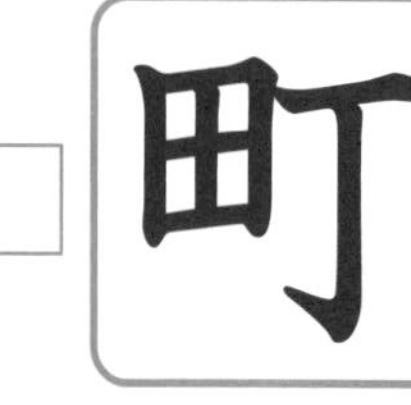

こたえは 80ページに あります。

できたかな？

シールを はりましょう。

パズルで あそぼう。⑭

□の なかの ことばは うまく つなげると しりとりに なるよ。□の なかに よみかたを じょうずに いれて ぐるっと いっしゅう させて みてね。

□がつ□にち

ま			み		か			い
う								
								ま
	ぼ		た		ひ		つ	

いち円だま　月日　田んぼ　日なた　町なみ　みっ日　ぼうふう雨　まん月　うば車　かく大

こたえは 80ページに ありますす。

がっこうで つかう かんじ①

かんじを なぞった あと、
□に かんじを かきましょう。

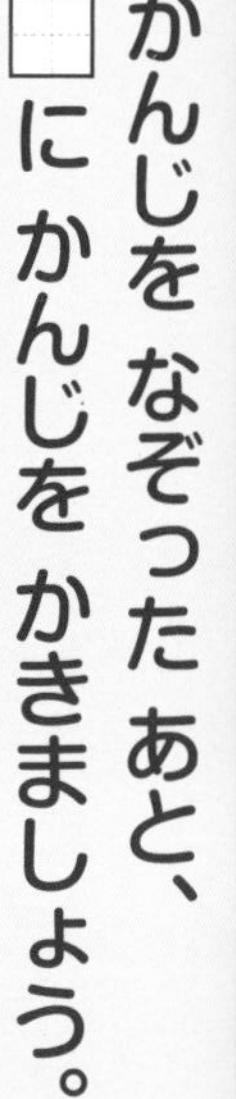

先 6かく

ノ　𠂉　⺧　生　先　先

ぶしゅ　先　ひとあし／にんにょう

つける　はらう　ながく　はねる

よみかた と つかいかた

オン　セン
先ぱい
先しゅう

くん　さき
つま先
つめの 先

生 5かく

ノ　𠂉　⺧　牛　生

ぶしゅ　生　うまれる

つける　いちばんながく

よみかた と つかいかた

オン　セイ　ショウ
生と
せん生

くん　いきる　いかす　いける　うまれる　うむ　はえる　はやす　なま　（おう）　（き）
生きもの　生けばな
生まれる　生える
生たまご

校 10かく

一　十　才　木　木'　木亠　木六　杧　校　校

ぶしゅ　校　きへん

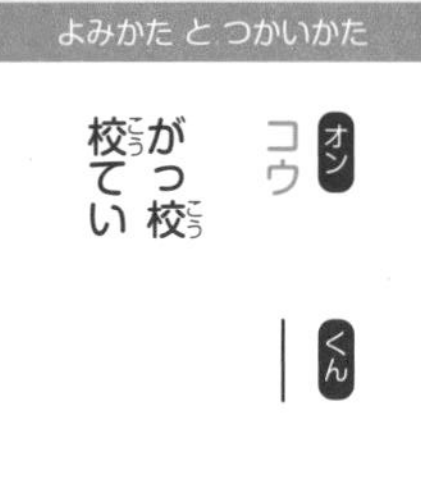

はらう　とめる

よみかた と つかいかた

オン　コウ
がっ校
校てい

くん　—

休 6かく

ノ　亻　亻一　什　休　休

ぶしゅ　休　にんべん

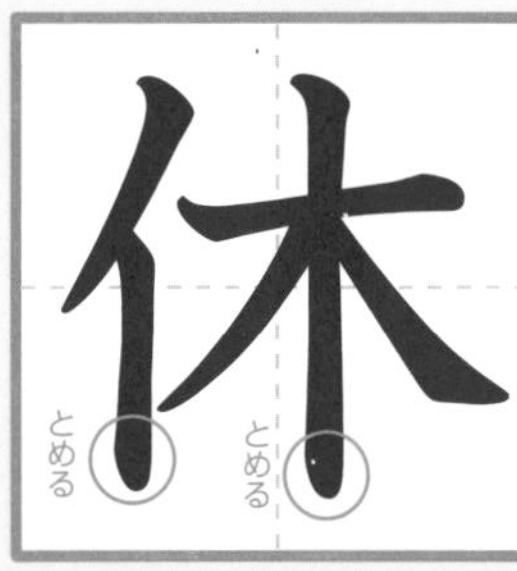

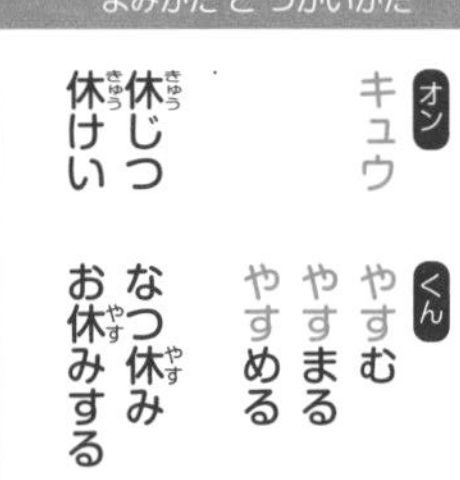

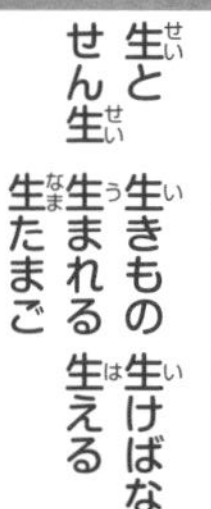

とめる　とめる

よみかた と つかいかた

オン　キュウ
休じつ
休けい

くん　やすむ　やすまる　やすめる
なつ休み
お休みする

□がつ□にち

オレンジいろの かんじの よみがなを （　） に かきましょう。

❶ けんじゅつの 先せいニャ。

❷ ねこの 生かつは たのしい。

❸ 校ていで かけっこニャ。

❹ あしたは お休みニャ。

オレンジいろの ひらがなの かんじを □ に かきましょう。

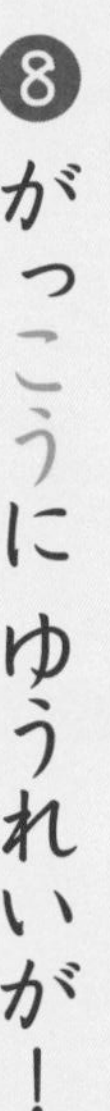

❺ やすみながら あるこう。

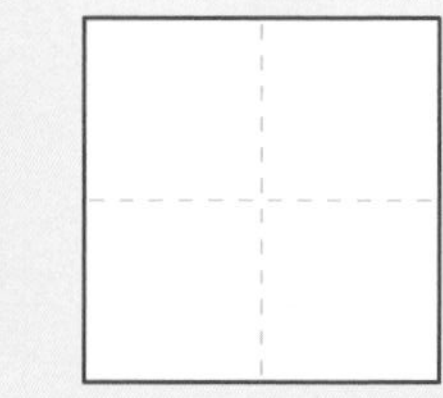

❻ たいいくの せんせいニャ。

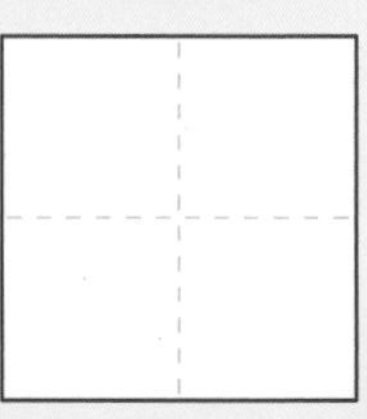

❼ ゆうれいが いきかえった。

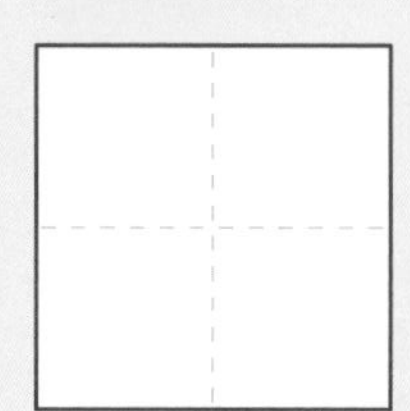

❽ がっこうに ゆうれいが！

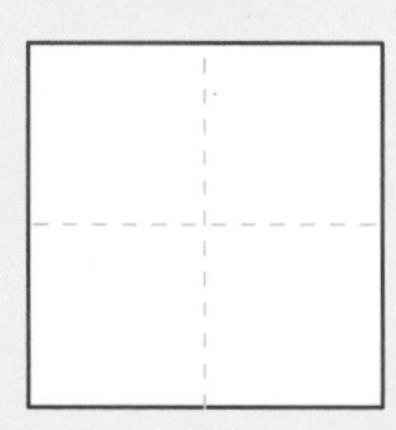

こたえは 81ページに
あります。

8もんちゅう
なんもん できたかな？

／8

シールを
はりましょう。

18

がっこうで つかう かんじ②

かんじを なぞった あと、□に かんじを かきましょう。

□がつ□にち

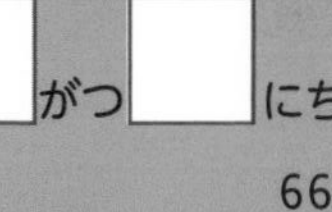

年

6かく　丿 𠂉 𠂉 𠂉 ⺊ 年

ぶしゅ　年（ひるたてかん）

つきださない　ながく

よみかた と つかいかた

オン　ネン　いち年せい　がく年

くん　とし　お年だま　年うえ

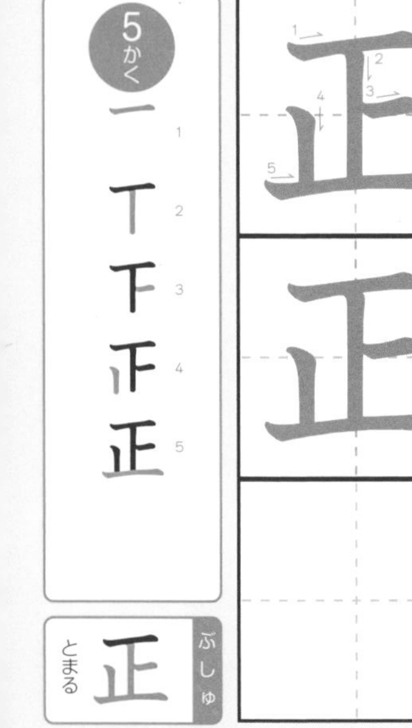

正

5かく　一 丅 下 正 正

ぶしゅ　正（とまる）

つける　つける　ながく

よみかた と つかいかた

オン　セイ　ショウ　正かい　お正がつ

くん　ただしい　ただす　まさ　正しい いけん　しせいを 正す　正ゆめ

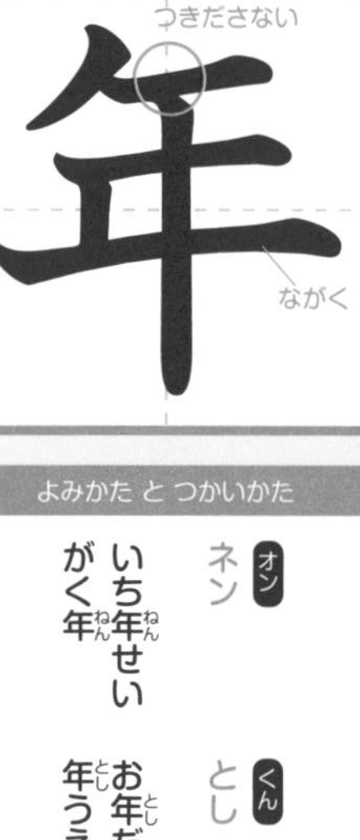

名

6かく　丿 ク 夕 夕 名 名

ぶしゅ　名（くち）

つきださない　つける

よみかた と つかいかた

オン　メイ　ミョウ　名ぼ　ほん名

くん　な　名まえ　名ふだ

早

6かく　丨 冂 日 日 旦 早

ぶしゅ　早（ひ）

まんなかを とおす　ながく

よみかた と つかいかた

オン　ソウ　（サッ）　早たい　（早そく）

くん　はやい　はやまる　はやめる　あさ早く　よていが 早まる　あしを 早める

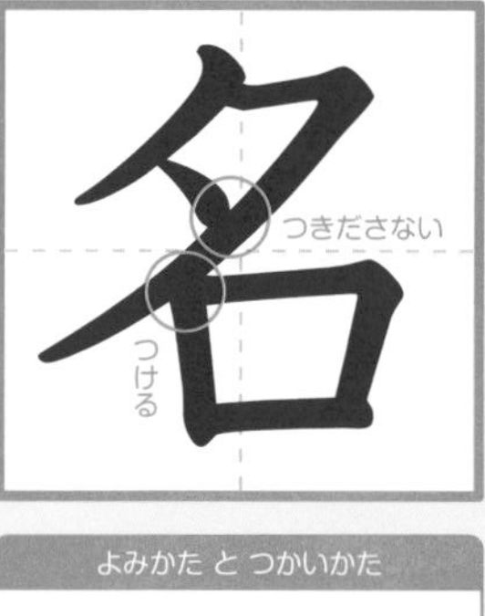

よこに せんの ある かんじの よみがなを（　）に かきましょう。

❶ お年よりの はなしを きく。

❷ 名まえの ない ねこ。

❸ 正じきな よい ねこだニャ。

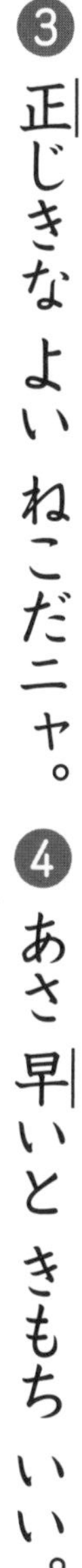

❹ あさ 早いと きもち いい。

よこに せんの ある ひらがなの かんじを □に かきましょう。

❺ ねつで そうたい した。

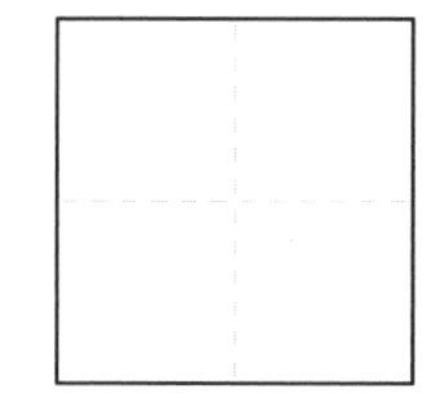

❻ ねんまつは おおいそがし。

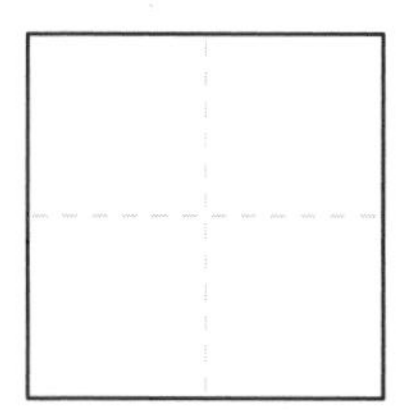

❼ ゆみやの めいじん。

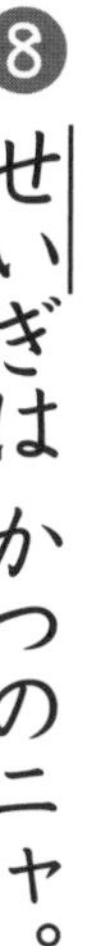

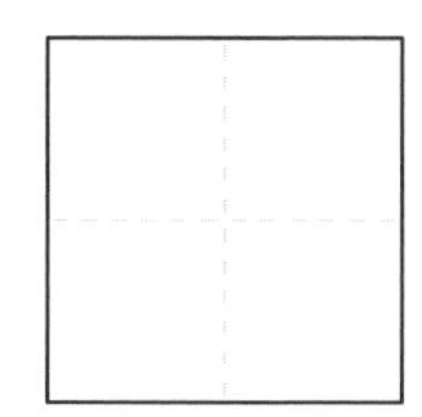

❽ せいぎは かつのニャ。

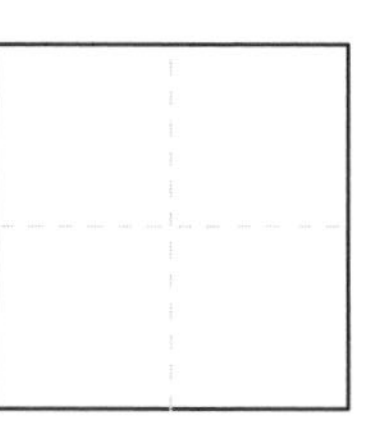

こたえは 81ページに
あります。

がっこうで つかう かんじ③

かんじを なぞった あと、□に かんじを かきましょう。

□がつ□にち

本

とめる はらう はらう

よみかた と つかいかた

オン ホン　本をよむ　本とうの きもち

くん もと　やま本さん

5かく　一 十 才 木 本

ぶしゅ 木（き）

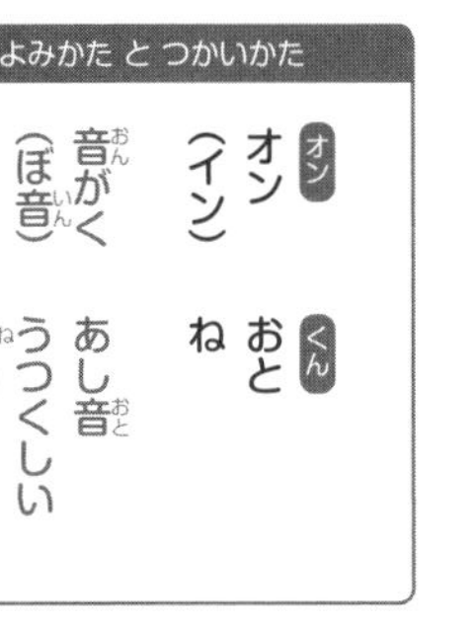

音

つける ながく

よみかた と つかいかた

オン オン（イン）　音がく（ぼ音）

くん おと ね　あし音　うつくしい 音いろ

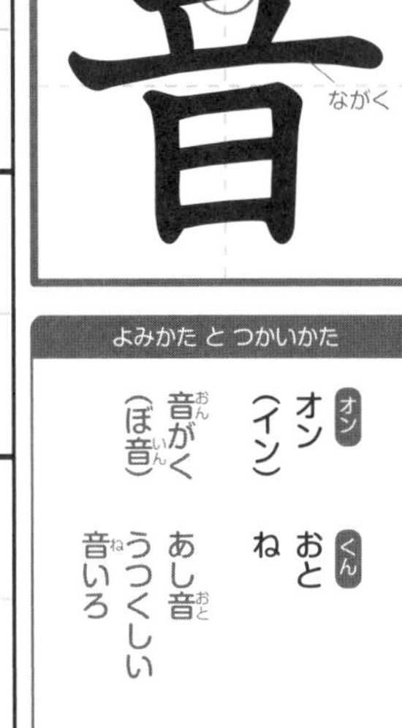

9かく　丶 亠 亣 立 产 音 音 音 音

ぶしゅ 音（おと）

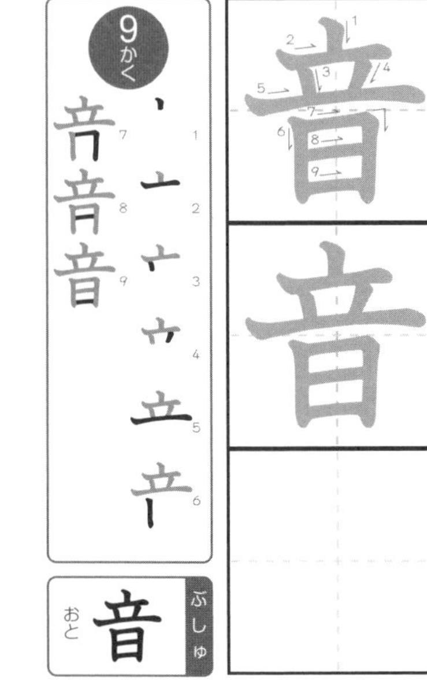

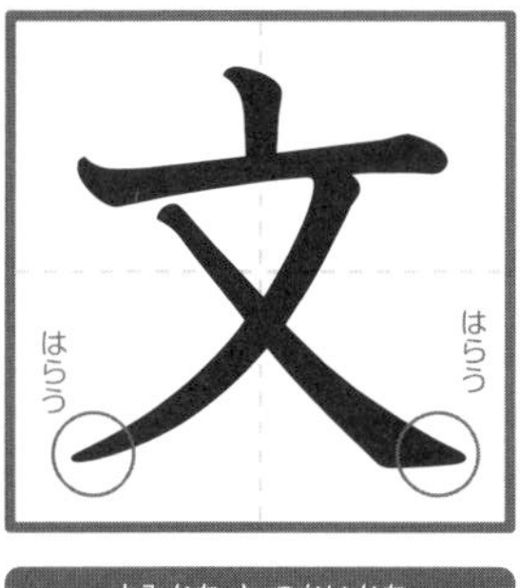

文

はらう はらう

よみかた と つかいかた

オン ブン モン　文ぼうぐ　ちゅう文

くん （ふみ）　（文づき）（こい文）

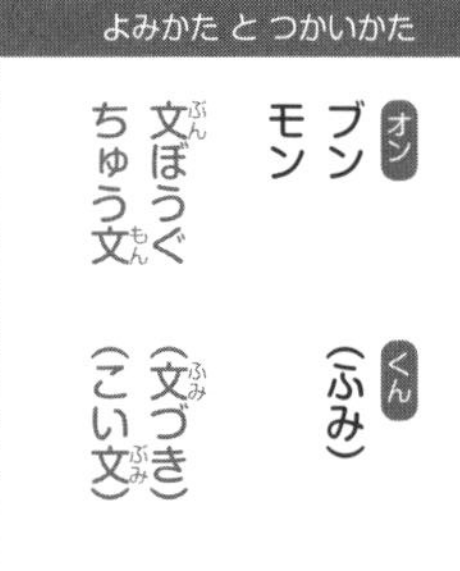

4かく　丶 亠 ナ 文

ぶしゅ 文（ぶん）

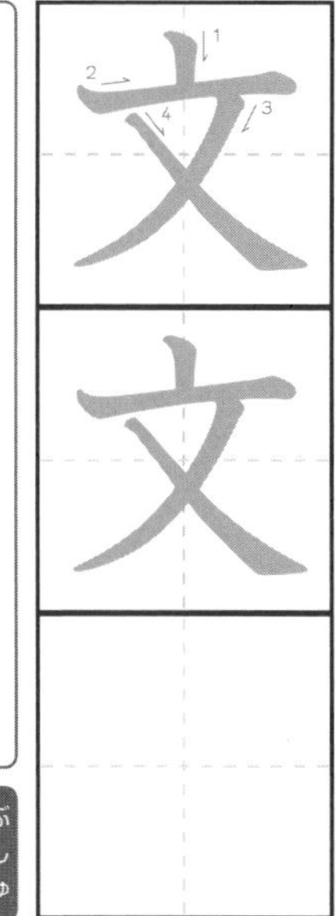

糸

はらう とめる とめる

よみかた と つかいかた

オン シ　きん糸たまご

くん いと　糸くず　け糸

6かく　く 幺 幺 糸 糸 糸

ぶしゅ 糸（いと）

よこに せんの ある かんじの よみがなを（　）に かきましょう。

❶ 本が すきな のニャ。

❷ 文じを かける ねこが いた。

❸ 音がくは たのしいニャ。

❹ ふくは 糸から つくる。

よこに せんの ある ひらがなの かんじを □に かきましょう。

❺ めが おんぷに なっている。

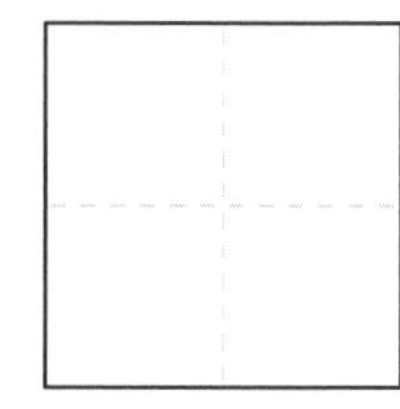

❻ ほんきの ねこは つよい。

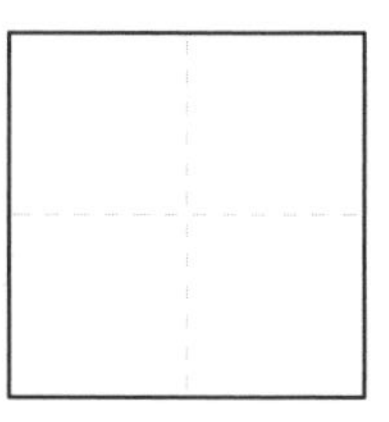

❼ いとを みつめて いる ねこ。

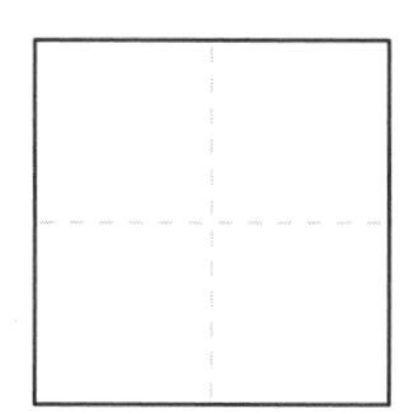

❽「ねこ」で さくぶんを かく。

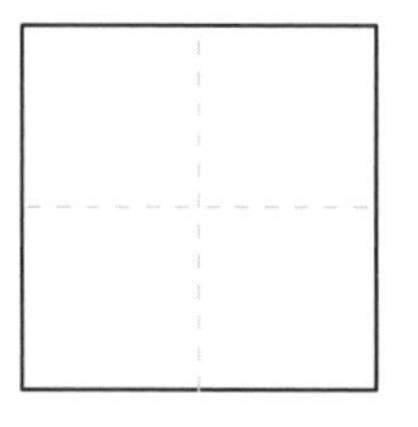

こたえは 81ページに
あります。

20 よくにた かんじ

がつ　にち

かんじを なぞった あと、□に かんじを かきましょう。

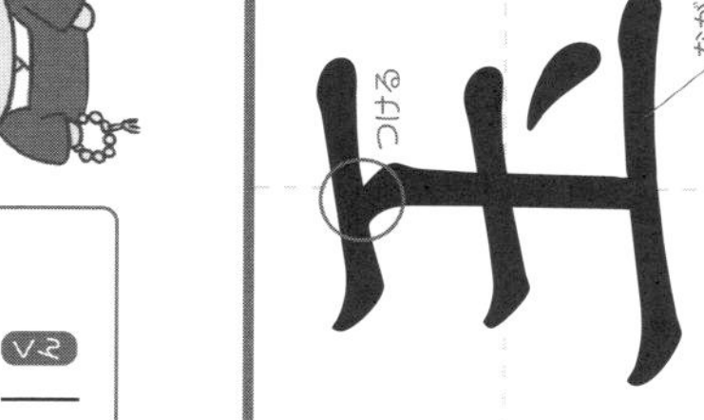

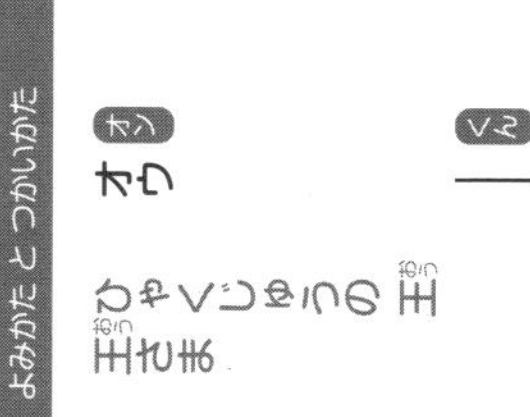

つける　ながく

王

よみかた と つかいかた

オン　オウ　ひゃくじゅうの 王(おう)　王(おう)さま

くん　―

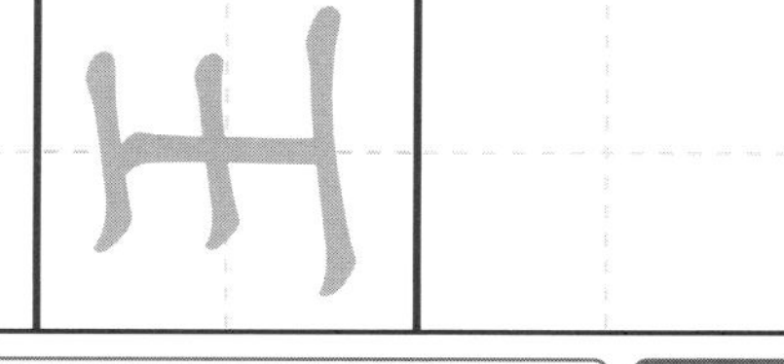

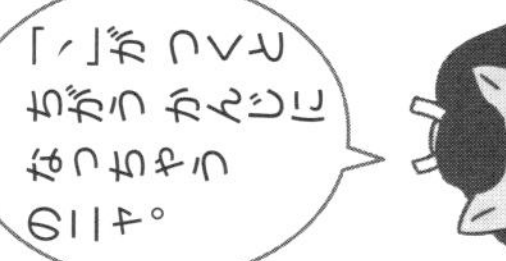

4かく　一 T 千 王

ぶしゅ　王 おう（たま）

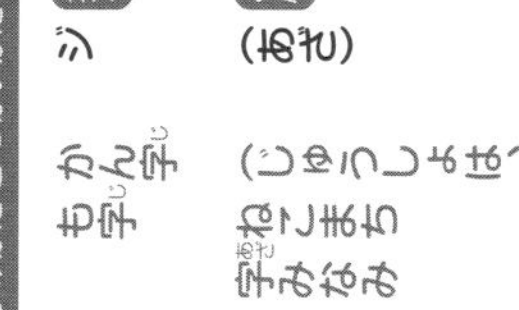

とめる　はねる

字

よみかた と つかいかた

オン　ジ　かん字(じ)　も字(じ)

くん　（あざ）　（じゅうしょは、字(あざ)ねこまち 字(あざ)みなみ 1ちょうめ）

6かく　、 ′ 宀 宀 字 字

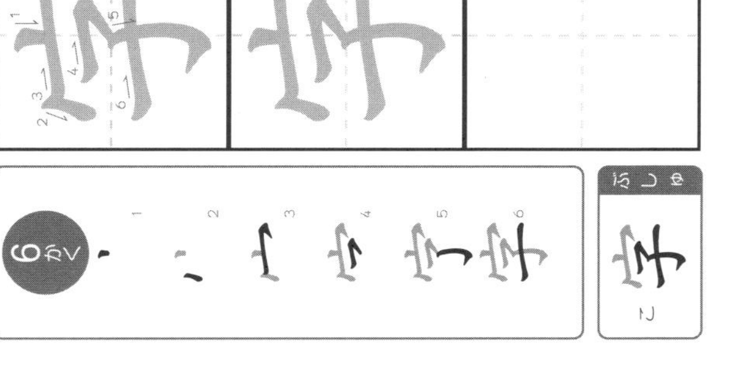

ぶしゅ　子 こ

つける　ながく

玉

よみかた と つかいかた

オン　ギョク　王(ぎょく)の おうちや

くん　たま　いちえん玉(だま)　玉(たま)いれ

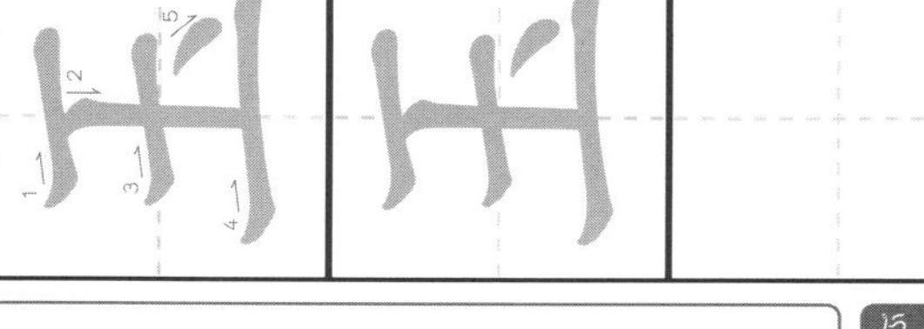

5かく　一 T 千 王 玉

ぶしゅ　王 たま

むきに ちゅうい　はねる

学

よみかた と つかいかた

オン　ガク　学(がっ)こう　つう学(がく)

くん　まなぶ　こくごを 学(まな)ぶ

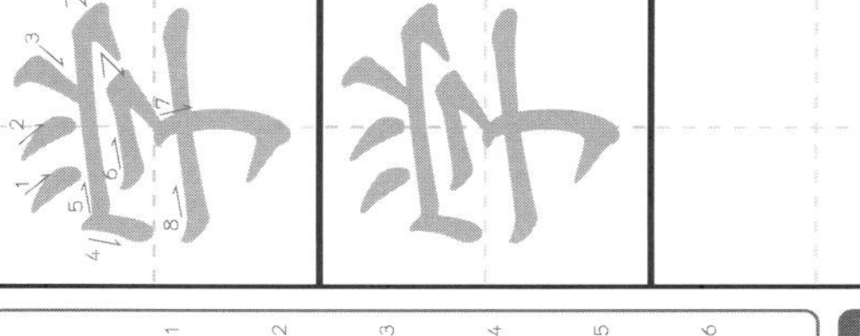

8かく　、 ′′ ′′′ ′′′′ 学 学 学 学

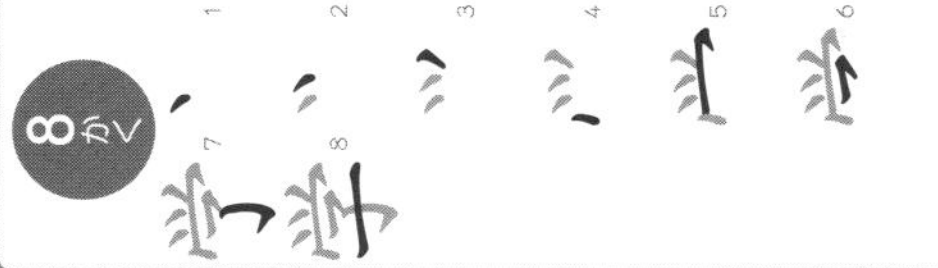

ぶしゅ　子 こ

よこに せんの ある かんじの よみがなを （ ）に かきましょう。

❶ 王さまねこは おおいばり。

（　　　）

❷ 玉けりは たのしいニャ！

（　　　）

❸ 字の べんきょうニャ。

（　　　）

❹ いろいろな ことを 学ぼう。

（　　　）

よこに せんの ある ひらがなの かんじを □ に かきましょう。

❺ がっこうで ほんを よむ。

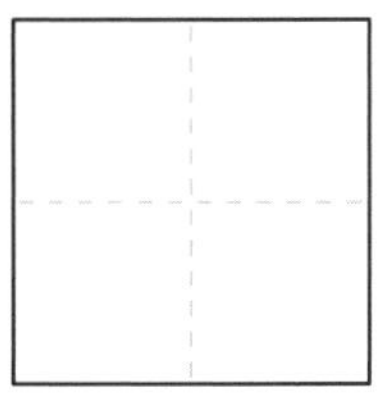

❻ わたしが つくった たまよ。

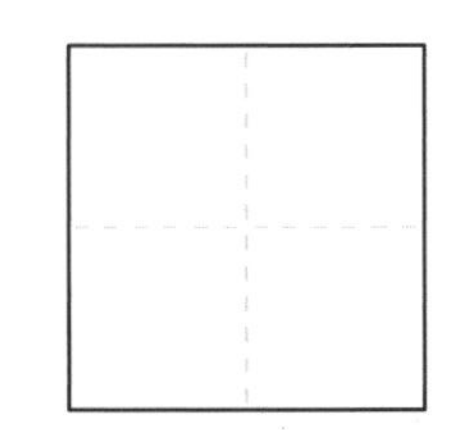

❼ おうさまに なるのニャ。

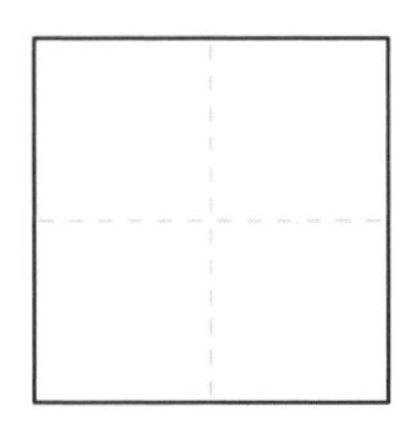

❽ かんじの テストちゅう？

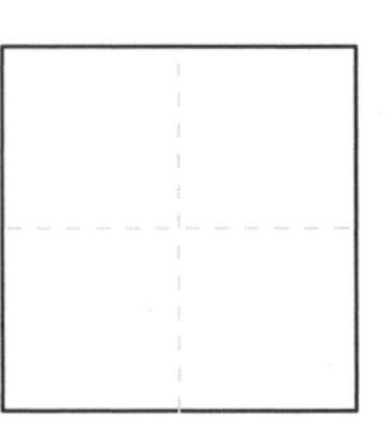

こたえは 81ページに あります。

□がつ□にち

よこに せんの ある かんじの よみがなを（　）に かきましょう。

1. 先せい おはよう ございますニャ。（　　）
2. たいいくは お休みニャ。（　　）
3. ろく年せいは おおきいニャ。（　　）
4. 音がくが だいすきニャ。（　　）
5. あめで 校ていが みずびたしニャ。（　　）
6. かていかで 糸を つかったニャ。（　　）
7. ぜんもん 正かい めざすのニャ。（　　）
8. かん字ドリルは たのしいニャ。（　　）
9. ドリルで 学ぶのニャ。（　　）
10. 早たいした ねこが いるニャ。（　　）

よこに せんの ある ひらがなの かんじを □に かきましょう。

11. ばしゃに のった おうじょさま。□

12. さくぶんが とくいだニャ。□

13. かんじの ほんを さがすのニャ。□

14. なふだを わすれたのニャ。□

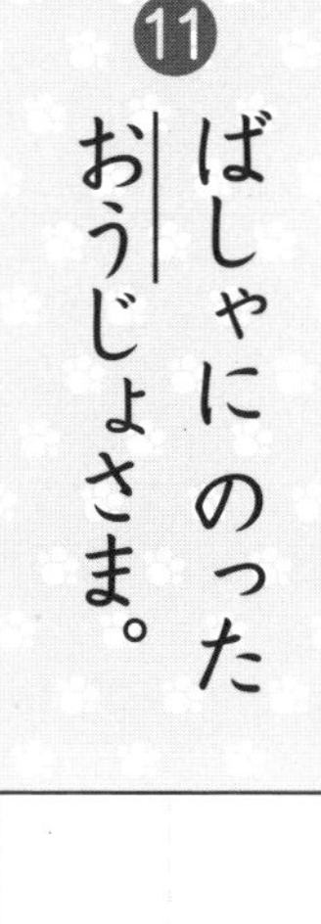

⑮「せんせい！しつもん！」

⑯ がっこうが たのしみニャ。

⑰ ただしい かんじは どれニャ。

⑱ ピアノの おとが だいすきニャ！

⑲ もうすぐ ふゆやすみニャ。

⑳ おとしだま もらえるかニャ。

□の かんじの かくすうを （ ）に かきましょう。

㉑ 本（ ）

㉒ 正（ ）

㉓ 名（ ）

㉔ 年（ ）

㉕ 学（ ）

㉖ 玉（ ）

㉗ 校（ ）

㉘ 糸（ ）

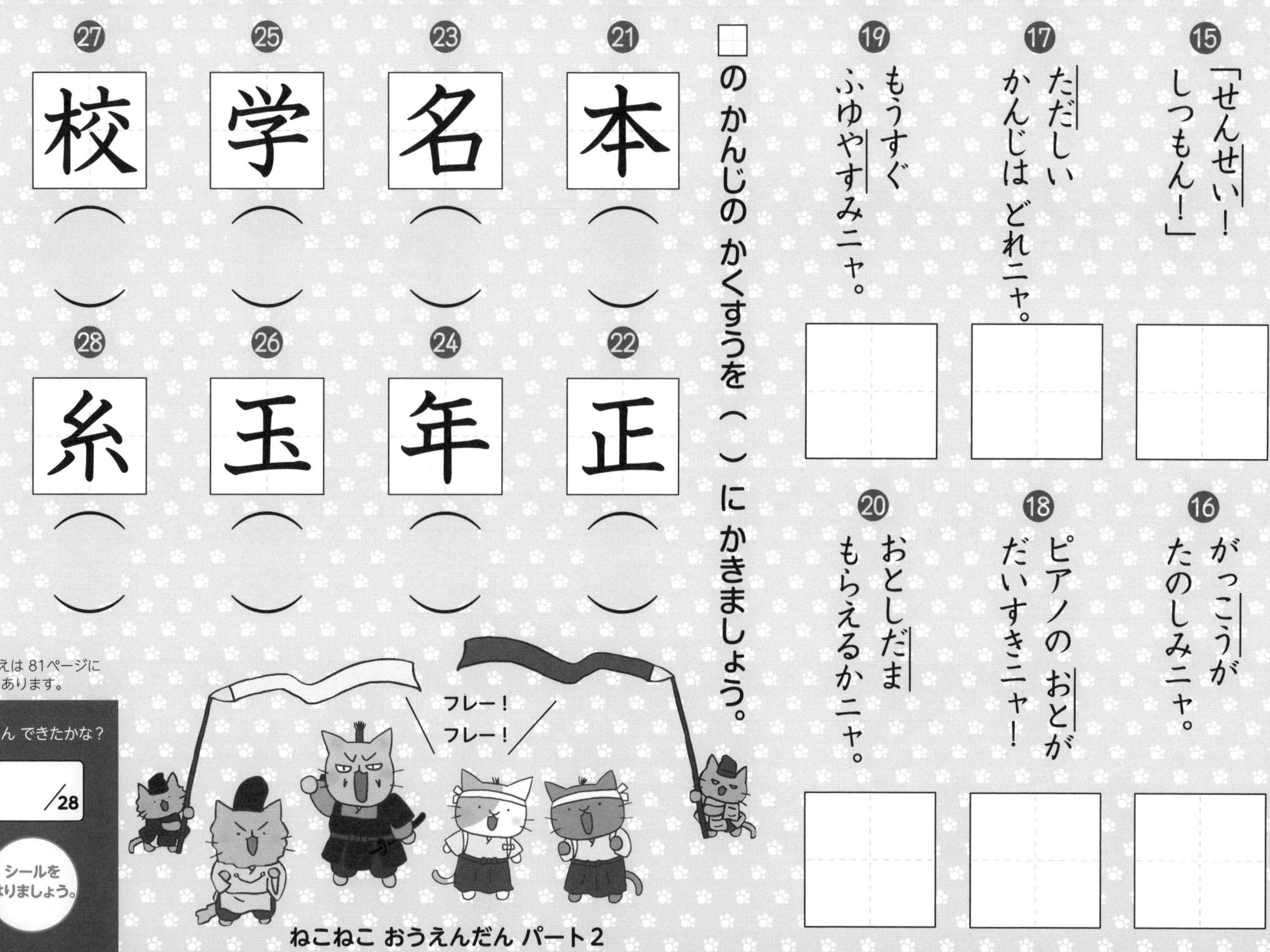

ねこねこ おうえんだん パート2

こたえは 81ページに あります。

なんもん できたかな？

/28

シールを はりましょう。

パズルで あそぼう。 ⑮

たいへんだ。ねこが かんじの
いちぶを もって いっちゃった。
たりない ところを くわえて いる ねこと
かんじを せんで むすぼう。

□がつ □にち

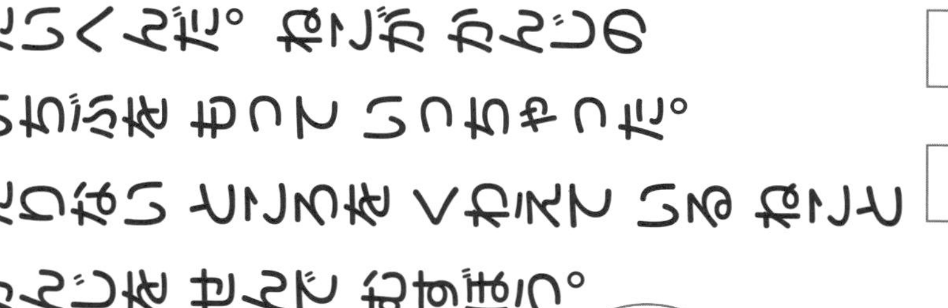

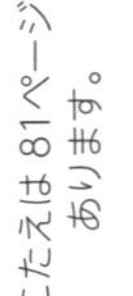

子

幺

手

交

立

夕

こたえは 81ページに
あります。

できたかな？

シールを
はりましょう。

パズルで あそぼう。⑯

＿がつ＿にち

ねこが もって いる かんじを ふたつ くみあわせて ことばを つくろう。いつつ できるから □に かいてね。

字　名　校　生　生　先　年　学　学　学

3かい つかうから みっつ もって いるのニャ。

「がっこう」「せんせい」「がくねん」「がくせい」「みょうじ」が あるニャ。

こたえは 81ページに あります。

できたかな？

シールを はりましょう。

⑰ パズルで あそぼう。

うえの かんじの ただしい よみを、したから みつけて せんで つなごう。（ふたつの よみかたが ある かんじが ひとつ あるよ。）おわったら、さいしょから ひいて ある せんと あわせて、よこから みて みよう。なにが かいて あるかな？

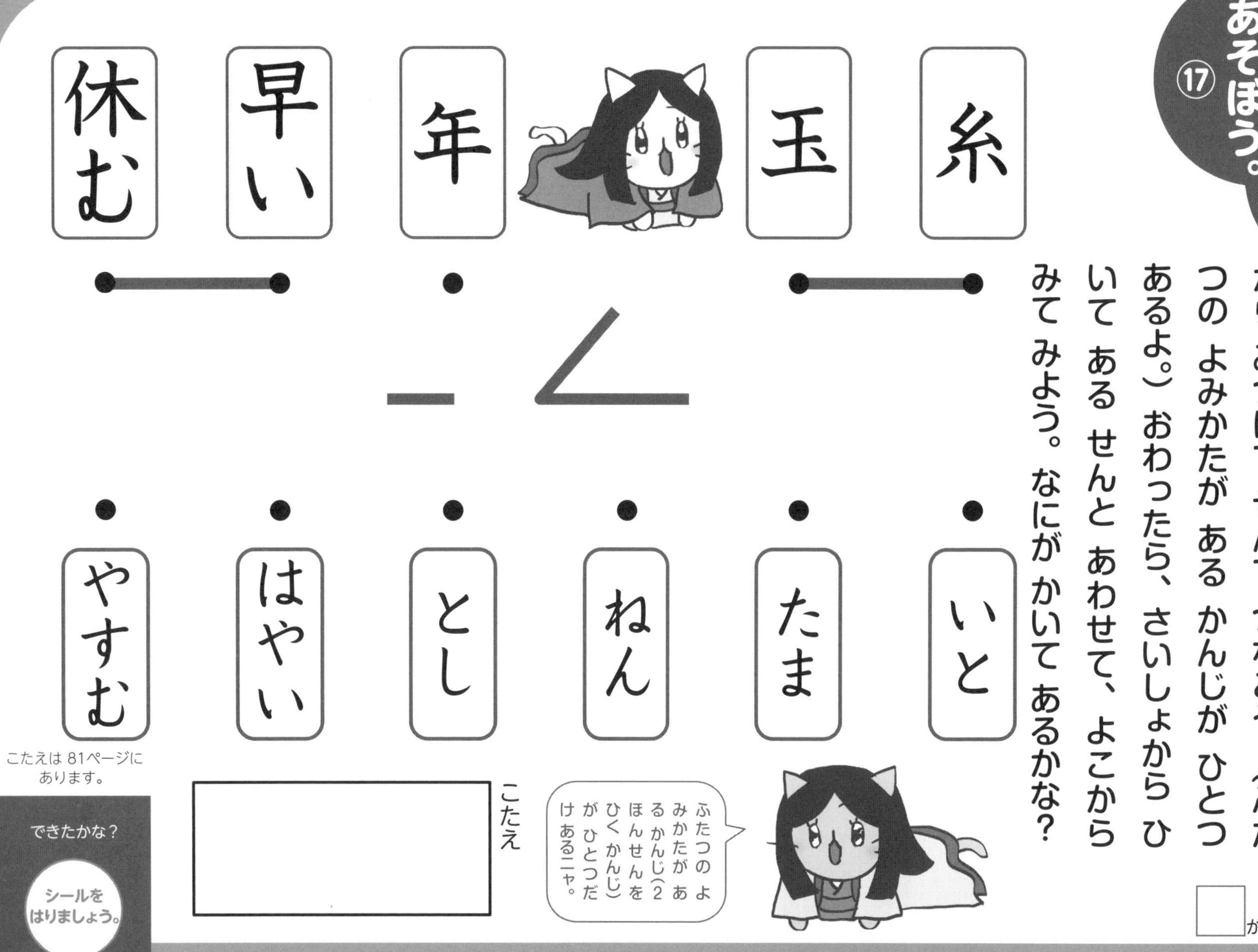

こたえ

こたえは 81ページに あります。

できたかな？

シールを はりましょう。

こたえあわせ

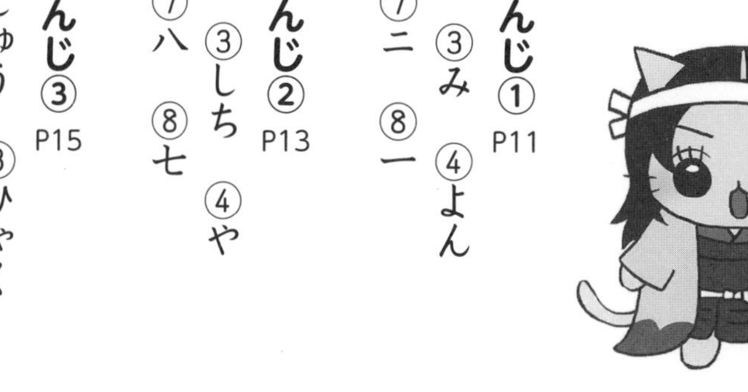

1　かずの かんじ① P11

①ひと　②に　③み　④よん
⑤三　⑥四　⑦二　⑧一

2　かずの かんじ② P13

①ご　②ろっ　③しち　④や
⑤六　⑥五　⑦八　⑧七

3　かずの かんじ③ P15

①きゅう　②じゅう　③ひゃく
④せん
⑤千　⑥十　⑦百　⑧九

4　むきの かんじ P17

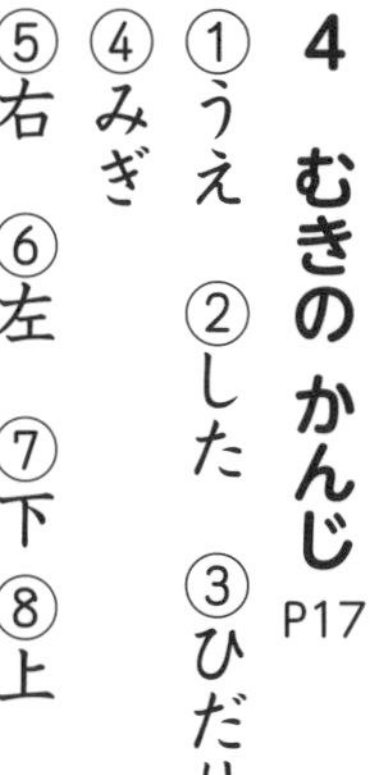

①うえ　②した　③ひだり
④みぎ
⑤右　⑥左　⑦下　⑧上

かくにんテスト① P18

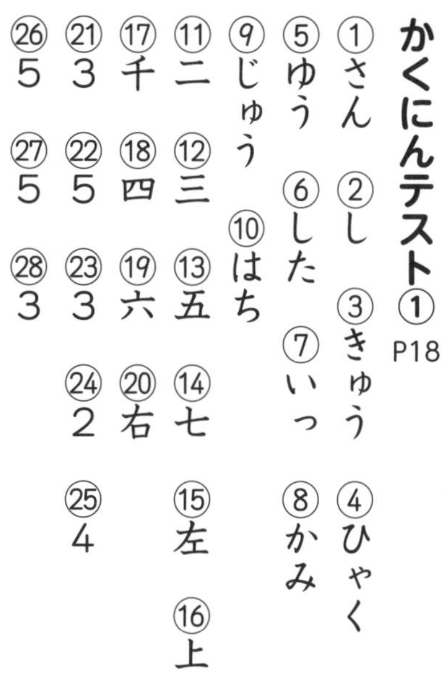

①さん　②し　③きゅう　④ひゃく
⑤ゆう　⑥した　⑦いっ　⑧かみ
⑨じゅう　⑩はち
⑪二　⑫三　⑬五　⑭七　⑮左　⑯上
⑰千　⑱四　⑲六　⑳右
㉑3　㉒5　㉓3　㉔2　㉕4
㉖5　㉗5　㉘3

パズルで あそぼう。① P20

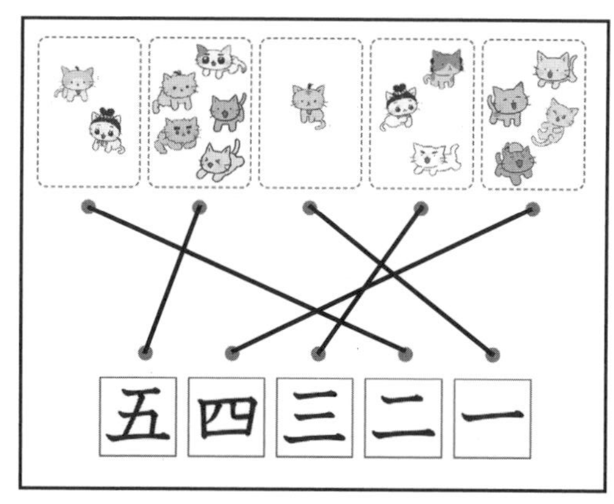

パズルで あそぼう。② P21

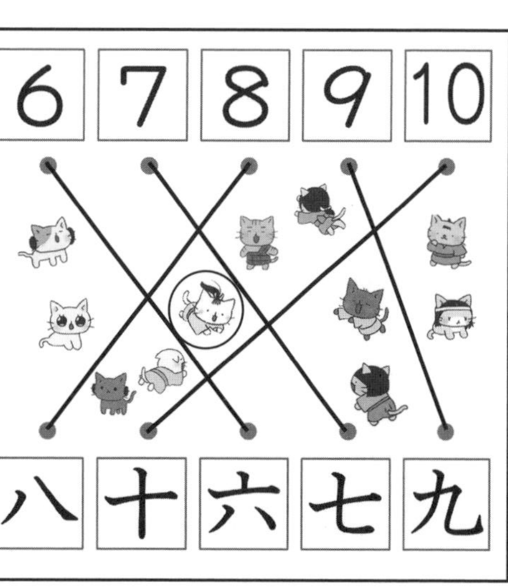

パズルで あそぼう。③ P22

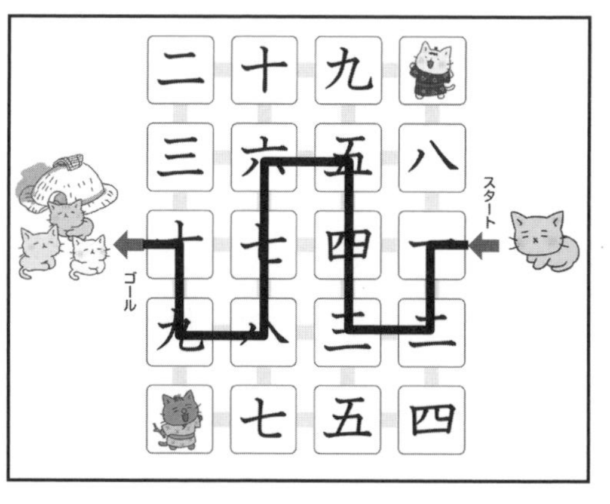

パズルで あそぼう。④ P23

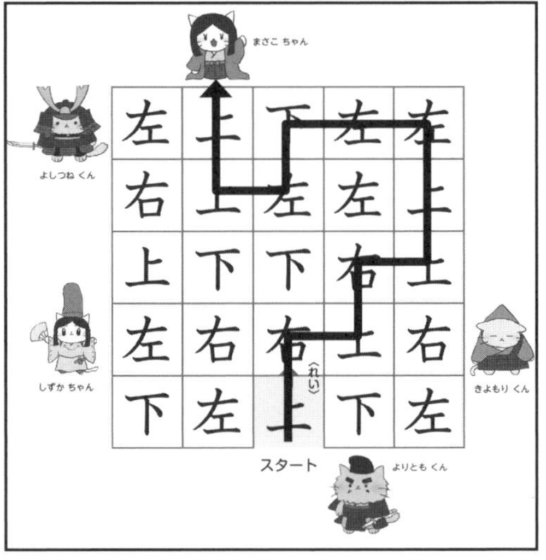

5 しぜんの かんじ① P25

①かわ ②やま ③くう ④てん
⑤山 ⑥川 ⑦天 ⑧空

6 しぜんの かんじ② P27

①もり ②はやし ③き ④たけ
⑤竹 ⑥木 ⑦林 ⑧森

7 しぜんの かんじ③ P29

①いし ②はな ③ぐさ ④ど
⑤草 ⑥花 ⑦土 ⑧石

8 ちきゅう・せいかつかの かんじ P31

①か ②き ③みず ④ちから
⑤気 ⑥力 ⑦水 ⑧火

かくにんテスト② P32

①はな ②はやし ③もり ④そら
⑤いし ⑥き ⑦か ⑧すい ⑨ど
⑩たけ
⑪気 ⑫草 ⑬天 ⑭山 ⑮川 ⑯森
⑰力 ⑱花 ⑲水 ⑳土
㉑3 ㉒3 ㉓4 ㉔9 ㉕8
㉖4 ㉗8 ㉘12

パズルで あそぼう。⑤ P34

パズルで あそぼう。⑥ P35

パズルで あそぼう。⑦ ねこのえ P36

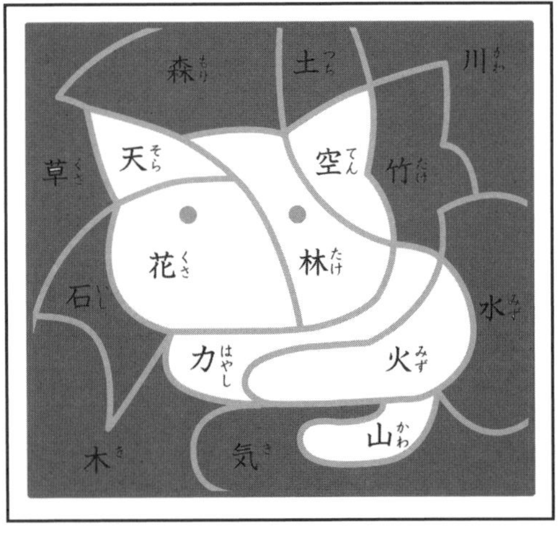

パズルで あそぼう。⑧ P37

9 いろの かんじ P39

①あか ②きん ③しろ ④あお
⑤赤 ⑥青 ⑦白 ⑧金

10 ひとの かんじ P41

①じん ②おとこ ③じょ ④こ
⑤男 ⑥女 ⑦人 ⑧子

11 からだ のかんじ P43

①くち ②あし ③め ④て
⑤手 ⑥足 ⑦口 ⑧目

12 からだと せいぶつの かんじ P45

①みみ ②むし ③かい ④いぬ
⑤犬 ⑥虫 ⑦貝 ⑧耳

かくにんテスト③ P46

①むし ②あか ③にん ④かね
⑤しろ ⑥あお ⑦みみ ⑧けん
⑨おとこ ⑩ぐち
⑪貝 ⑫目 ⑬赤 ⑭女 ⑮足
⑯男 ⑰金 ⑱虫 ⑲青 ⑳手
㉑2 ㉒3 ㉓4 ㉔4 ㉕6
㉖6 ㉗7 ㉘7

パズルで あそぼう。⑨ P48

パズルで あそぼう。⑩ P49

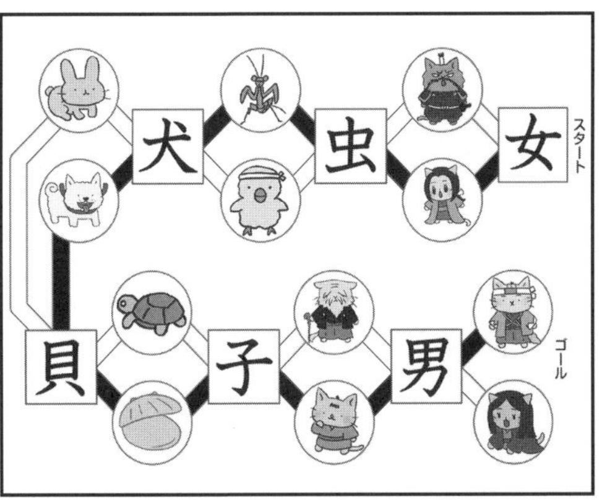

13 うごきの かんじ P51

①い ②で ③み ④りつ
⑤入 ⑥出 ⑦見 ⑧立

14 てんきの かんじ P53

①にち ②ゆう ③あめ ④つき
⑤月 ⑥雨 ⑦日 ⑧夕

15 まちや むらの かんじ P55

①むら ②くるま ③た ④ちょう
⑤村 ⑥町 ⑦田 ⑧車

16 おおきさや かたちの かんじ P57

①だい ②ちい ③ちゅう ④えん
⑤中 ⑥小 ⑦大 ⑧円

かくにんテスト④ P58

①あめ ②くるま ③えん ④おお
⑤た ⑥にゅう ⑦ゆう ⑧た
⑨まち ⑩にち
⑪見 ⑫月 ⑬村 ⑭中 ⑮小 ⑯円
⑰車 ⑱町 ⑲雨 ⑳日
㉑2 ㉒3 ㉓4 ㉔4 ㉕8 ㉖5
㉗7 ㉘7

パズルで あそぼう。⑪ P60

パズルで あそぼう。⑫ P61

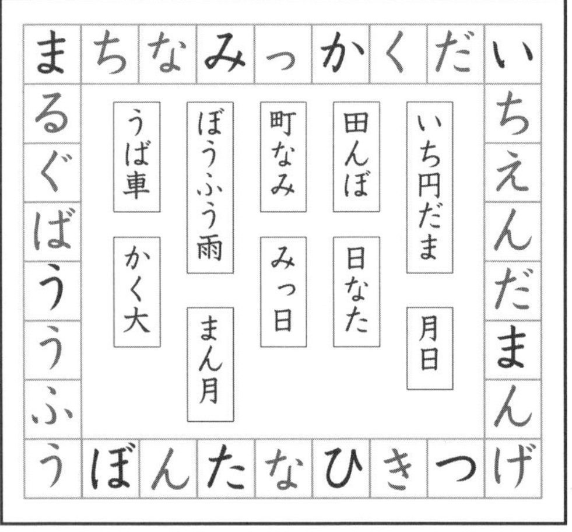

パズルで あそぼう。⑬ P62

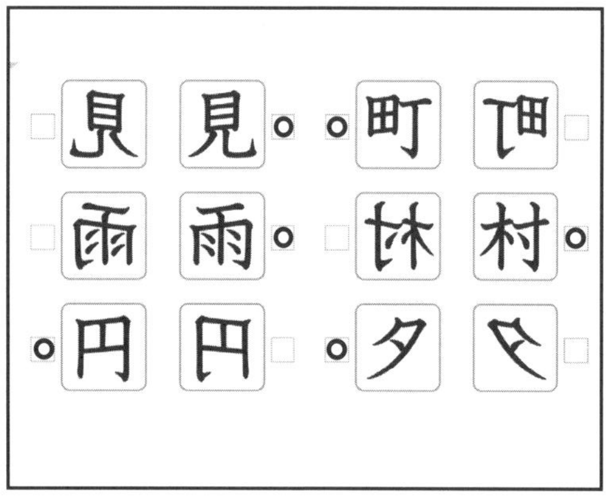

パズルで あそぼう。⑭ P63

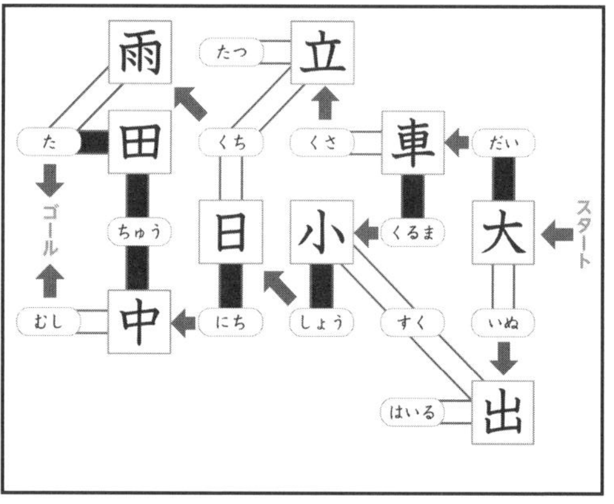

17 がっこうで つかう かんじ① P65

①せん ②せい ③こう ④やす
⑤休 ⑥先 ⑦生 ⑧校

18 がっこうで つかう かんじ② P67

①とし ②な ③しょう ④はや
⑤早 ⑥年 ⑦名 ⑧正

19 がっこうで つかう かんじ③ P69

①ほん ②も（もん） ③おん
④いと ⑤音 ⑥本 ⑦糸 ⑧文

20 よく にた かんじ P71

①おう ②たま ③じ ④まな
⑤学 ⑥玉 ⑦王 ⑧字

かくにんテスト⑤ P72

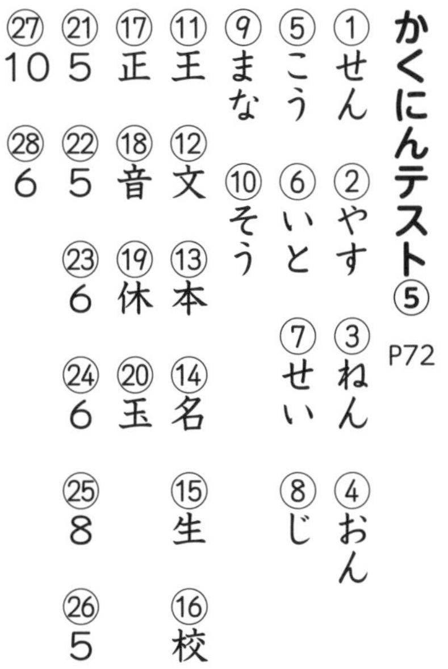

①せん ②やす ③ねん ④おん
⑤こう ⑥いと ⑦せい ⑧じ
⑨まな ⑩そう
⑪王 ⑫文 ⑬本 ⑭名 ⑮生 ⑯校
⑰正 ⑱音 ⑲休 ⑳玉
㉑5 ㉒5 ㉓6 ㉔6 ㉕8 ㉖5
㉗10 ㉘6

パズルで あそぼう。⑮

学 糸 年 校 音 名 P74

パズルで あそぼう。⑯ P75

※じゅんばんは この とおりで なくても せいかいです。

パズルで あそぼう。⑰

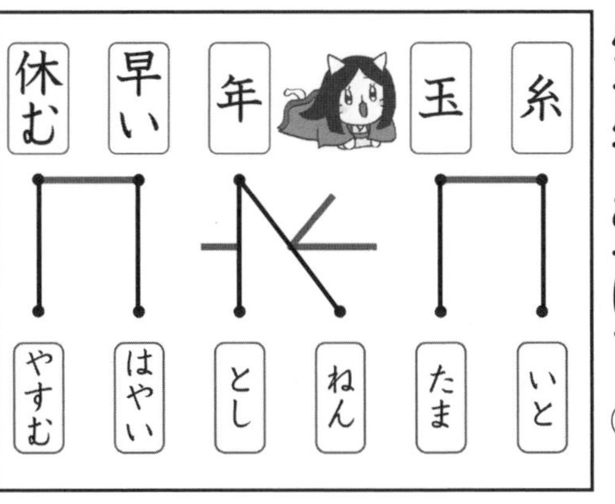

コネコ P76

ねこねこ日本史でよくわかる
小学1年生のねこねこ漢字ドリル

2021年2月26日　初版第1刷発行

原　作　そにしけんじ
作　画　ジョーカーフィルムズ
発行者　岩野裕一
発行所　株式会社 実業之日本社
〒107-0062 東京都港区南青山5-4-30
CoSTUME NATIONAL Aoyama Complex 2F
【編集部】TEL.03-6809-0473
【販売部】TEL.03-6809-0495

印刷・製本　大日本印刷株式会社

ISBN978-4-408-64000-6（第二漫画）
実業之日本社のホームページ　https://www.j-n.co.jp/

キリトリせん